식탁에서 지구를 생각해

초판 1쇄 발행 2023년 8월 11일
초판 2쇄 발행 2025년 4월 28일

지은이	이진규
그린이	방상호
펴낸이	진영수
디자인	김세라

펴낸곳　영수책방
　　　　출판등록 2021년 2월 8일 제 2022-000024호
　　　　전화 070-8778-8424 | 팩스 02-6499-2123 | 전자우편 sisyphos26@gmail.com
　　　　홈페이지 ysbooks.co.kr

ⓒ 이진규 · 방상호 2023
ISBN 979-11-974312-8-9 73400

* 잘못된 책은 구입처에서 교환하여 드립니다.
* 이 책은 저작권법에 따라 보호받는 저작물이므로 무단 전재와 무단 복제를 금지하며,
  이 책 내용의 전부 또는 일부를 이용하려면 저작권자와 영수책방의 동의를 받아야 합니다.

┌───┐
어린이제품안전특별법에 의한 제품표시
제조자명 영수책방　**제조국명** 대한민국　**사용연령** 만 8세 이상 어린이 제품
└───┘

식탁에서 지구를 생각해

처음 읽는 어린이 환경

이진규 지음 | 방상호 그림

영수책방

작가의 말

지금 제가 바라보는 창밖으로 폭우가 쏟아지고 있어요. 여름이니까 큰비가 올 만도 한데 왠지 가슴이 1분에 열 번은 더 뛰는 것 같아요. 날씨가 극단적으로 변한다는 느낌이 드니까요. 앞으로 세상은 어떻게 변할지, 사람들은 어떻게 살아갈지 전혀 모르겠어요. 조금 불안한 방향으로요.

우리를 둘러싼 환경이 이렇게 변한 것은 이 책을 읽는 여러분 탓이 아니에요. 그러나 변한 세상에서 살아가야 할 사람은 여러분이라서 미안한 마음이 들어요. 그래서 염치가 없는 와중에 책으로 또 환경 이야기를 하게 됐어요. 미래의 문제에 대해 더 알아야 할 청소년 독자를 위한 책이니까요.

청소년은 아직 선거권이 없고 경제력이 어른만 못해요. 그러다 보니 청소년들이 지금뿐 아니라 미래에도 중요할 문제에서 배제되기 쉬워요. 안 될 일이죠.

　환경 문제에 대해 이야기하면 "지금은 그런 거 신경 쓰지 말고 공부할 때야"라는 말을 들을 수도 있어요. 성적에 도움이 되는 '환경 문제'에 대해서라면 몰라도요. 역시 안 될 일이에요.

　환경 문제는 어린 세대에게 더 중요하고 시급한 문제예요. 그러니 더 열심히, 눈을 부릅뜨고, 관심을 가져서 스스로 생각하고 어른에게 요구해야 해요. 그러기 위해 알면 좋을 이야기를 나름대로 엮어 보았어요. 부족하나마 도움이 되길 바라고, 저 역시 제가 선 자리에서 할 수 있는 일을 해 나갈게요.

차례

급식에 고기가 없다니 배신이야!
|우리가 고기를 너무 많이 먹었을 때 생기는 일|

- 고기를 덜 먹어야 기후 위기를 막는다고? 12
- 기후 위기? 기후 변화? 무슨 말이야? 14
- 온실가스, 대체 어디서 그렇게 나오는 거야? 15
- 기후 위기라는 말로는 부족해 17
- 지구 온도가 1.5도 올라간다면? 20
- 고기 먹는 게 나쁘다는 거야? 23
- 별일 없어 보인다고? 19
- 왜 무서워하지 않을까? 22
- 고기를 덜 먹으면 어떤 일이 생길까? 24

현대인의 꽃말은 배달 음식?
| 사람이 버린 쓰레기로 뒤덮인 지구 |

- 최초의 칫솔도 썩지 않는 세상 30
- 얼마나 만들고 버릴까? 32
- 인간이 가지 않은 곳에도 플라스틱 쓰레기는 간다 33
- 분리배출을 했는데? 36
- 음식물 쓰레기는 어떨까? 38
- 버려지는 음식물을 어떻게 할까? 39
- 과학은 마술이 아니야 40
- 국가에서는 어떤 노력을 할까? 42
- 우리의 할 일을 하자 43

할머니의 생선 구이가 작아진 이유는?
| 생물 다양성이 유지되는 세상 |

- 할머니가 어릴 때는 왜 생선이 더 컸을까? 48
- 생물 다양성이 뭐야? 50
- 생물 다양성은 곧 인간의 생존 문제 51
- 생물 다양성이 인간에게 주는 이익 53
- 코로나19 같은 전염병이 다시 유행한다면 55
- 꿀벌이 사라지고 있어 57
- 인간에게 생물 다양성이란 59

예전의 빵 값이 아니야!
| 식량 위기라는 문제 |

- 왜 밀가루 값이 올랐을까? 62
- 세계 곳곳에서 흉년이 들고 있어 63
- 굶주림에는 끝이 없어 65
- 식탁 물가가 오를 때 67
- 누구도 피할 수 없어 68
- 과학은 무엇을 하고 있을까? 69
- 식량 위기에서 나는 무얼 해? 72

정말로 호랑이 기운이 솟아날까?
| 대량 생산, 대량 소비로 지구가 얻은 것 |

- 많이 만들어서 많이 쓴다! 76
- 기업이 '다음'에 관심을 갖게 해야 해 78
- 작년은 롱 패딩, 올해는 숏 패딩? 80
- 지구의 눈물을 먹는 우리 81
- 지구의 눈물을 닦아 주려면 83
- 기업이 내는 목소리에 '아니오'라고 말하자 84

딸기는 겨울이 제철 아니었어?
| 기후 변화와 환경 정의 |

- 자연을 거슬러 재배한 음식의 달콤한 맛, 씁쓸한 맛 88
- 기후 변화는 우리 식탁을 어떻게 바꿀까? 89
- 기후 위기는 약한 사람들부터 덮친다 91
- 환경 문제와 정의가 만나면 92
- 우리는 어디를 향해 가는 걸까? 95
- 약속은 지켜질 수 있을까? 96

오늘 저녁은 내가 요리해 볼래
| 지구에 무해하게 살아가는 법이 있을까? |

- 내가 마트에서 장 본 날 100
- 환경을 지킨다는 게 고통일까? 102
- 세상의 구석구석 모두가 노력해야 해 103
- 간단한 답은 가짜야! 105

급식에 고기가 없다니 배신이야!
우리가 고기를 너무 많이 먹었을 때 생기는 일

난 학교 급식을 좋아해.
집에서 못 먹어 본 음식도 종종 나오거든.
근데 오늘은 급식을 보고 실망했어.
고기가 안 들어간 잡채라니!
소고기가 안 들어간 미역국에 두부라니!
도대체 이걸 먹고 무슨 힘이 나겠냐고!
나에게 소시지를 달라!

고기를 덜 먹어야 기후 위기를 막는다고?

고기 같은 동물성 음식을 피하는 사람, 식물성 음식을 먹는 사람을 채식주의자라고 해. 이들이 채식을 선택하는 데에는 여러 가지 이유가 있지만, 여기에서는 기후 위기 측면에서 이야기해 보자.

10월 1일은 '세계 채식인의 날'이야. 국제채식연맹에서 정했는데, 환경과 건강을 위해서 만든 날이라고 해. 그리고 요즘은 학교에서도 일주일, 혹은 한 달에 한두 번 채식의 날을 정해 고기 없는 급식이 나오고 있어.

채식의 날을 정한 이유는 일주일에 한 끼라도 고기를 먹지 않으면 그만큼 온실가스 배출을 줄일 수 있기 때문이야. 지구 온난화에 대해서는 들어 봤지? 현재 지구에서 가장 시급한 환경 문제야. 지구 온난화는 바로 이 온실가스가 늘어남에 따라 생기는 현상이지. 그러니 온실가스 배출을 줄이는 건 기후 위기를 겪고 있는 오늘날 가장 중요한 과제야.

분명 지구는 뜨거워지고 있어. 지구 온난화 때문에 갈수록 해수면이 상승하고, 날씨가 요란하게 바뀌거나 엄청난 추위와 더위가 닥치면서 농작물 키우기가 어려워졌지. 생태계는 보이지 않는 곳에서 더 급격히 무너지고 말이야. 지구가 이렇게 된 이유를 연구해 보니 모두 인간 활동이 문제였어. 과학과 기술이 발전하면서 인간의 생활은 훨씬 편리해졌지. 하지만 인간의 산업 활동으로 지구를 뜨겁게 만드는 온실가스가 너무 많이 나오고 있어. 지나치게 고기를 많이 먹는 것도 온실가스 배출 원인 중 하나야.

그래서 한 끼라도 채식을 하자는 움직임이 생긴 거야. 채식은 고기를 덜 먹음으로써 온실가스 배출을 줄이고 지구가 뜨거워지는 걸 막자는 '환경 운동'이라고 할 수 있지.

온실가스란 무엇일까?

이산화탄소, 메탄 등이 온실가스에 속한다. 지구는 태양으로부터 빛을 받은 후 다시 방출한다. 그런데 지구 대기 중에 온실가스가 많을수록 들어온 빛 에너지를 더 많이 흡수해서 대기에 묶어 둔다. 이로 인해 기온이 올라가고 지구 온난화로 이어진다. 온실가스 중 이산화탄소의 비율이 가장 높고, 그다음 메탄, 수소불화탄소, 아산화질소 등이 많다. 메탄은 이산화탄소에 비하면 비율은 적지만 온실 효과를 일으키는 힘은 훨씬 강하다. 이산화탄소 발생은 석유 에너지 사용이 주요 원인이고, 메탄 발생은 육류 소비를 위해 기르는 가축의 방귀가 주요 원인 중 하나로 꼽힌다.

기후 위기? 기후 변화? 무슨 말이야?

기후 위기니 기후 변화니 하는 말에 대해 정리를 해 보자.

우선 기후는 날씨와 비슷해 보이지만 다른 말이야. 날씨는 며칠 혹은 길어 봐야 몇십 일 정도 대기 상태가 어떻게 변화하는지 예측한 값이야. 이에 비해 기후는 훨씬 큰 개념이지. 최소 30년 동안 관찰한 수치의 평균을 낸 값이거든. 헷갈리면 이렇게 말하는 걸 기억해 봐.

"우리나라의 '기후'는 온대성을 보이는 지역이 많아서 사계절이 뚜렷한 게 특징이다."

"오늘의 '날씨'를 알려 드리겠습니다."

기후는 장기적으로 날씨가 균형을 잡은 상태를 뜻해. 그러므로 기후가 변했다는 건 아주 오랜 시간 동안 지구가 유지해 오던 균형이 깨졌다는 의미이기도 해. 우리나라는 온대성 기후였지만 점차 아열대성 기후로 바뀌고 있지. 앞에서도 말했듯이 기후 변화는 자연스러운 현상이 아니라 인간이 빚어낸 결과야. 기후 위기는 이러한 기후 변화로 인해 해수면 상승, 식량 위기, 생태계 붕괴 같은 위험을 맞닥뜨린 상태를 일컬어.

온실가스, 대체 어디서 그렇게 나오는 거야?

인간은 산업 혁명을 일으킨 이후 땅속에 숨어 있던 화석 연료를 태워서 문명을 엄청나게 발전시켰어. 그 결과 대기 중에 온실가스를 너무 많이 내뿜게 되었지. 지금 우리가 겪는 기후 위기는 바로 여기에서부터 시작되었어.

온실가스는 원래 지구에서 우주로 어느 정도 배출돼. 그런데 화석 연료를 너무 많이 쓴 나머지 지구가 자연스럽게 처리할 수 있는 수준을 넘어서고 만 거야. 결국 온실가스가 지구에 머물며 지구 온난화를 일으킨 거지. 그렇다면 어디에서 온실가스를 가장 많이 배출할까? IPCC(앞으로 '기후 변화에 관한 정부 간 협의체'가 발표한 자료를 많이 언급하게 될 거야. 줄여서 IPCC라고 불러)가 발표한 5차 보고서에는 세계에서 분야별로 온실가스를 얼마나 배출하는지 나타나 있어. 다음 그래프를 통해 보여 줄게.

그래프를 보면 농업에서 발생하는 온실가스 비중이 상당히 높아. 그럼 농업 분야에서는 무엇 때문에 온실가스가 많이 배출될까? 농업, 특히 가축을 기르는 축산 분야에서는 동물의 장내 발효, 가축 분뇨에서 온실가스가 많이 나오지.

장내 발효란 동물이 먹은 사료가 장에서 발효되는 건데 이때

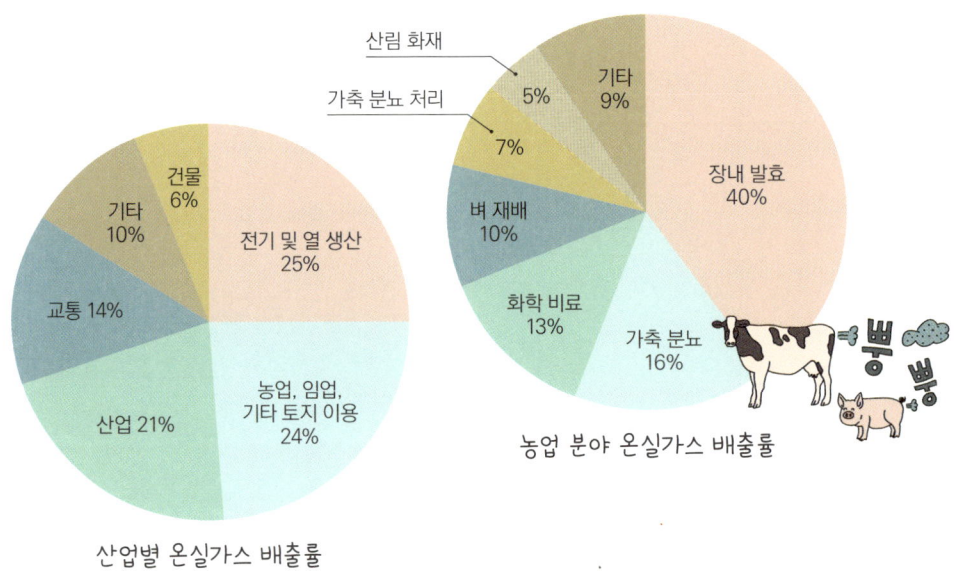

산업별 온실가스 배출률

농업 분야 온실가스 배출률

방귀나 트림, 즉 온실가스가 나와. 인간이 기르는 가축의 수는 100년 전보다 닭과 돼지는 다섯 배 이상, 소는 무려 300배 이상 증가했대. 가축의 몸집도 개량 덕분에 더 커졌고. 당연히 장내 발효로 인한 온실가스 배출도 늘어났지.

 가축을 기르려면 사료가 필요하겠지? 옥수수나 콩 같은 사료 작물을 대량으로 재배해야 하기 때문에 산림을 개간하고 숲을 없애는 일도 많아. 고기를 가공하여 유통하는 데서 발생하는 온실가스는 말할 것도 없지. 인류가 배출하는 온실가스의 4분의 1 정도가 농업에서 발생하는데, 특히 질 좋은 고기를 '많이' 먹고자 하는 인간의 욕심이 원인이라는 사실이 드러난 거야.

이쯤 되면 명확해지지? 고기를 덜 먹으면 지구의 온도가 뜨거워지는 걸 억제할 수 있어.

기후 위기라는 말로는 부족해

기후 위기라는 말은 너무 심해 보인다고? 아니 전혀. 지금 지구에서는 충분히 위기라고 부를 만한 일들이 일어나고 있어. 폭우나 가뭄이 예전보다 빈번하고 예측하기 어렵게 갑자기 닥치기도 해. 어떤 나라에서는 치솟는 온도에 날던 새가 탈진해서 떨어졌다고도 하지. 갑작스러운 환경 변화를 이기지 못한 동식물이 멸종하고, 사람들이 사는 사회에서 식량난이 일어나고 있어. 그래서 어떤 사람은 기후 위기라는 말이 현실을 제대로 반영하지 못한다며 기후 재난, 기후 비상사태 같은 말을 써야 한다고 주장하기도 해.

그렇다면 기후 위기에서 벗어나기 위해 무엇을 해야 할까? 답은 뻔해. 온실가스 배출을 줄이는 거야. 그렇다면 어떻게 온실가스를 줄일까? 이 질문에 '채식'이라고 답하는 사람이 늘고 있어. IPCC는 2019년에 발표한 자료에서 "소가 전 세계 축산업 온실

가스 배출의 주요 원인(65~77%)이라는 데 모든 조사 결과가 동의하고 있다"라고 밝혔어. 그러니 육류 소비를 줄이는 게 기후 변화에 대응하는 중요한 문제라는 점은 확실하지.

그러니까 오늘 고기 없는 채식의 날 식판을 싹싹 비운 너희는 뚜렷한 효과를 볼 수 있는 환경 운동을 한 거야!

별일 없어 보인다고?

어떤 사람들은 이렇게 말할 거야. "기후 위기? 지구 온난화가 그렇게 큰일인가? 그렇다고 차를 안 타는 사람도 없고 고기를 안 먹는 사람도 못 봤는데. 게다가 그래 봤자 몇십 년 동안 겨우 1도 오른 거라는데."

이런 말도 이해는 가. 왜냐하면 어린 세대가 기억하는 여름은 늘 극도로 더웠고, 더우면 쉽게 에어컨을 틀어서 해결했으니까. 위기라고 할 만한 상황을 겪어 보지 못한 거야. 식량 위기니 뭐니 하는 말이 있어도 마트에는 항상 식료품이 꽉꽉 들어차 있지.

그렇지만 지구의 관점으로 보면 기후 위기는 아주 짧은 시간 동안에 우리 삶을 흔들고 있어.

지구 온도가 1도 올랐다는 것은 우리가 아주 좁은 곳에서 느끼는 온도 변화와는 차원이 달라. 게다가 지구 온난화 현상은 한 번 시작되면 걷잡을 수 없이 빠르게 진행된다는 점에서 위험하지.

지구 온도가 1.5도 올라간다면?

2011년~2020년 사이에 지구 평균 온도는 산업화 이전보다 1.09도 상승했어. 생각보다 높지 않아 보이니? 자연에서 이 정도는 수많은 변화를 일으키기에 충분해. 그래서 기후 변화가 이미 뚜렷하고 재해도 심각해졌지. IPCC는 온실가스 배출을 획기적으로 줄이지 않으면 곧 1.5도 상승으로 이어질 것이라고 전망했어.

요즘 "1.5도 약속을 위한 탄소 중립"이라는 내용의 캠페인을 심심치 않게 볼 수 있어. 지구 평균 온도 상승을 1.5도로 제한하자는 의미야. 그렇다고 안전하다는 건 아니야. 그나마 1.5도 내로 제한한다면 기후 변화로 인한 피해를 감당할 수 있을 것 같다는 거지. 하지만 2~3도만 높아져도 생물 종이 60% 이상 멸종할 것이라고 했어. 기후 위기가 악화되는 순환이 생길 수 있고 이 상황은 결코 되돌릴 수 없을 거야.

　그렇다면 1.5도로 기온 상승을 제한하기 위해서 어떻게 노력해야 할까? 2030년까지는 온실가스 배출량을 절반 이하로 줄여야 1.5도라는 목표를 그나마 유지할 수 있다고 해. 얼마 남지 않은 시간 내에 화석 연료 사용을 고통스러울 정도로 줄여야 하는 거야. 물론 적은 에너지로도 큰 효과를 내고, 공기 중 이산화탄소 비율을 낮추고, 대체 에너지를 개발하는 일도 필요하지. 하지만 가장 근본적인 해결책은 육식을 줄이고 화석 연료를 덜 쓰는 거야. 답이 이렇게 명확한데 왜 못하는 걸까?

왜 무서워하지 않을까?

이유는 간단하면서도 복잡해.

첫째 더 부자가 되고 싶다는 욕망을 버리지 못해서라고 생각해. 선거철만 되면 후보들은 너도 나도 "경제를 살리겠다"라는 공약을 내걸지. 물론 어떤 후보는 "기후 위기 극복"을 공약으로 내세우기도 해. 그런데 기후 문제를 주요 공약으로 내놓는 후보는 선출된 적이 드물지. 경제와 환경은 늘 충돌하는데 언제나 뒷전으로 밀리는 건 환경이야. '경제가 뭐가 중요하냐!' 이런 뜻은 아니야. 경제가 침체되면 약자가 제일 먼저 고통받을 게 분명하니까. 하지만 경제 논리로 정책이 결정되고 사회가 움직이는 게 사실이야. 그러다 보니 평범한 시민들은 이 문제에 깊이 접근하기도 어려워. 설득력을 가진 큰 목소리도 들리지 않고 양질의 정보를 접하기도 어렵지.

둘째 우리는 이미 악화되는 상황에 익숙해져 있어. 잠시 내 어릴 적 이야기를 해 볼게. 나는 대도시 아파트에서 나고 자랐지만, 그땐 뒷산에만 올라가도 물이 졸졸 흐르는 개울이 있었어. 봄이면 물가에 개구리 알 천지였지. 그걸 건져다가 학교에서 개구리가 될 때까지 관찰하며 키우기도 했어. 하지만 내 아이는 개구리 알을 본 적도 없어. 그러니 집 근처에 물가도 없고 개구리 알도 없다는 게 '이상하다'고 생각하지 않을 거야. 이런 걸 '기준점 이동'이라고 해. 정상으로 느끼는 지점이 세대마다 크게 바뀐다는 거야. 나빠진 상황을 '정상'이라고 인식하게 되는 거지. 그러니 현재 상황이 얼마나 심각한지 잘 실감하지 못해.

고기 먹는 게 나쁘다는 거야?

여기까지 읽고 어떤 사람은 이렇게 물을 수도 있겠어.

"그럼 이런 사실을 알고도 고기를 먹는 사람은 왜 그러는 거예요?" 하고 말이야.

다수와 다른 행동을 할 때 어떤 사람은 공격을 하기도 해. 모난 돌이 정 맞는다는 속담도 있잖아. 방금 질문도 그런 면에서 생각해 볼 점이 있겠네. '채식을 한다'고 하면 이런 공격을 받는 경우도 있더라. '유난 떨지 마라', '육식은 인간의 본능이다', '더 위급한 문제들이 얼마나 많은데 한가한 소리냐' 등등….

그런데 육식을 줄이자는 건 누군가를 윤리적으로 공격하자는 것이 아니야. 인류가 살아남기 위해 나름의 방법을 찾자는 것뿐이지. 그 노력이 어떤 면으로든 완벽할 수는 없어. '넌 온실가스를 줄이기 위해 채식을 한다면서 차는 왜 타? 전기는 왜 쓰니?' 이런 공격을 받는다면 말문이 막히겠지. 하지만 누가 보더라도 '완벽한' 행동이라는 게 있을까? 채식을 한다고 해 놓고 유통에 엄청난 에너지가 드는 수입 과일을 먹는다면? 수입 과일을 먹느라 배출된 온실가스에는 관심이 없는 모순된 사람일까? 그럼 그 사람의 진심은 거짓이 되는 걸까?

옳은 방향을 정하고 그쪽으로 걸어가자. 완벽하지 않아도 돼. '내가 생각하는 옳은 삶을 위해 이쪽으로 가겠다!'라는 마음이 중요한 거라고. 행동은 그에 따라서 끊임없이 수정하고 발전시키면서 말이야.

고기를 덜 먹으면 어떤 일이 생길까?

슬슬 오늘의 이야기를 정리해 보자. 우리가 고기를 덜 먹으면 온실가스 배출량을 크게 줄일 수 있다고 했지? 축산업을 위한 땅을 개간하지 않아도 되니 숲도 지킬 수 있어. 숲을 지키면 생물 종의 다양성을 보존할 수도 있고.(생물 다양성에 대해서는 뒤에 이야기할 거야.)

IPCC는 "고기와 유제품 위주의 서구식 음식 섭취가 지구 온난화에 기름을 붓고 있다"라고 했어. 온실가스 중에서도 주로 축산업에서 배출하는 메탄과 아산화질소가 지구 온난화를 가장 강력하게 부추기기 때문이야.

또 다른 재미있는 연구도 있어. 만일 인류가 고기 섭취를 포기한다면 어떤 일이 일어날지 영국의 한 연구진이 가상해 보았대. 그랬더니 모든 사람들이 채식을 한다면, 식품을 만들면서 발생하는 온실가스의 60~70%가 사라진다는 거야. 물론 꿈 같은 일이지.

그렇다고 할 수 있는 일이 아예 없는 건 아니야. 육식을 당장 그만두지는 못하더라도 할 수 있는 만큼 줄이기. 이건 우리가 각자, 지금 당장, 가장 쉽게 할 수 있는 행동 중 하나일 거야. 고기를 먹는 일을 SNS 같은 매체를 통해 타인에게 자랑하거나, 아주 멋있는 행동처럼 표현하는 것도 자제하자. 우리는 다른 사람들의 소비 행위에 자극받기 쉬우니까. 요즘 '우울할 때는 고기 앞으로'라는 식의 농담을 많이들 하더라. 재밌긴 한데, 그렇게 다른 사람들까지 자극하고 권장할 필요가 있을까 싶어.

가능한 한 가까운 지역에서 생산한 재료로, 직접 요리해서 소박하게 먹는 것. 그게 가장 좋아.

앞서도 말했지만 어떤 신념으로 어떤 행동을 하건 처음부터 완벽할 수는 없어. 각자 처한 상황도 다르지. 그렇다고 완벽하지 않으면 의미가 없나? 아니지. 그건 아무 행동도 하지 않는 사람들의 의미 없는 비난일 뿐이야. 완벽하지 않아도 괜찮아. 방향만 제대로 가면 돼.

기후 변화를 정의한다면?

유엔기후변화협약(UNFCCC)은 기후 변화를 이렇게 정의한다. "인간의 활동이 직접적 또는 간접적 원인이 되어 지구 대기 조성에 일어난 변화, 그리고 충분한 기간 동안 관찰한 자연적 기후 변동을 포함한 기후 변화." 이는 한 지역에서 아침저녁으로 온도 차이가 생기는 '기상 현상'과는 다르다. 그보다 훨씬 오랜 시간, 넓은 지역의 기상을 관찰하여 얻어 낸 수치다.

현대인의 꽃말은 배달 음식?
사람이 버린 쓰레기로 뒤덮인 지구

오늘은 우리 집 '배달 음식의 날'이야.
기회는 2주에 한 번! 심사숙고해서 고른 메뉴는
바로 족발! 보들보들한 고기에 매콤달콤한 비빔국수를
돌돌돌 말아서 입에 가득 넣으면 얼마나 행복하다고!
그런데 먹고 나서가 문제야.

다들 맛있게 먹고선 불평이에요?

식구들이 저마다 한마디씩 했어.
배달 음식은 나의 기쁨인데!
맛있다고 다들 잘 먹어 놓고 웬 잔소리?

최초의 칫솔도 썩지 않는 세상

플라스틱이 썩기만 한다면 얼마나 좋을까? 만일 화분에 과일 껍질을 버리면 일주일이 지나 형체도 알아볼 수 없을 정도로 썩을 거야. 종이를 땅에 묻는다? 그러면 못해도 6개월 안에는 분해되지. 그렇다면 비닐봉지는 어떨까? 최소 500년이야. 몇 세대가 지나가도 내가 버린 비닐봉지는 남아 있다니, 기분이 이상해진다.

전 세계에서 매년 4억 톤이나 되는 플라스틱을 생산한대. 그런데 이 중 40%는 한 번 쓰고 버린다니 이를 다 어쩌겠어? 게다가

플라스틱 쓰레기는 늘어나고 있어. 우리나라에서 2020년에 발표한 '전국 폐기물 발생 및 처리 현황'에 따르면 전년보다 20% 정도 플라스틱 쓰레기가 증가했어. 이건 코로나19 확산과 관련이 있어 보이지?

　세계보건기구와 IPCC는 기후 위기로 인해 앞으로 코로나 같은 감염병이 더 자주 발생할 거라고 했어. 나도 코로나19에 감염돼 앓은 적이 있는데, 어쩔 수 없이 배달 음식을 시켜 먹거나 음식 재료 배달 서비스를 이용하게 되더라. 그랬더니 쓰레기가 어마어마하게 쌓이더라고. 나중에는 격리 기간 동안 아프거나 답답한 것보다 쓰레기 쌓이는 게 더 스트레스가 될 지경이었어.

얼마나 만들고 버릴까?

세계 플라스틱 생산량은 1950년대에 비해 200배 가까이 늘었어. 재활용률은 10% 정도. 60%는 그대로 쓰레기가 되었지. 여기에서 만일 아무 조치도 하지 않는다면 플라스틱 쓰레기는 점점 늘어날 수밖에 없어.

인간이 버리는 쓰레기가 플라스틱뿐일까. 오늘 급식에서 남은 음식은 없었니? 집에서 버리는 음식물 쓰레기는 얼마나 될까? 지

미세 플라스틱이란

플라스틱은 스스로 분해되지 않는다. 다만 여기저기 이동하면서 부서지고 쪼개질 뿐. 그렇게 계속 쪼개지다가 5밀리미터 미만으로 작아지면 미세 플라스틱이라고 한다. 미세 플라스틱은 해양 생태계를 파괴하고 해양 생물이 이를 섭취했을 때 심각한 부작용을 겪기도 한다. 바다에 식량 자원을 상당 부분 의지하고 있는 인간은 미세 플라스틱으로 오염된 해양 생물을 먹고 역시 건강에 치명적인 위험을 갖게 된다. 인간이 버린 플라스틱이 결국 이렇게 돌고 돌아 되돌아오는 것이다.

구는 얼마나 이 쓰레기를 받아 줄 수 있을까?

쉽게 사서 잠깐 입고 버리는 옷들도 마찬가지야. 폴리에스테르 같은 섬유는 재질만 다르게 느껴질 뿐 플라스틱이거든. 이 옷을 세탁할 때 미세 플라스틱이 나온대. 이때 나온 미세 플라스틱은 하수도를 타고 바다로 흘러 들어가고 말이야. 당연히 썩지도 않아. 패션업계에서 발생시키는 온실가스 양은 전 세계 항공, 선박 운송에서 발생하는 양보다 많고, 전체 온실가스의 10% 정도나 차지한대.

인간이 가지 않은 곳에도 플라스틱 쓰레기는 간다

2021년에는 어느 해저 탐험가가 지구에서 세 번째로 깊다는 필리핀 해구 엠덴 해연에 들어갔어. 수심이 1만 540미터에, 이전에는 그 누구도 들어가 본 적이 없었다는 곳이야. 이곳에서 탐험가는 둥둥 떠다니는 흰색 물체를 발견했어. 심해에 사는 생물이었을까? 흰색 물체의 정체는 놀랍게도 새로운 생물도, 용궁도 아닌 플라스틱 쓰레기였어.

가장 깊은 바다인 마리아나 해구, 가장 높은 산인 에베레스트

산 꼭대기, 남극에 내리는 눈에서도 미세 플라스틱이 발견되고 있다고 해. 살아 있는 사람의 폐 속에서도 발견되고 말이야.

최근 네덜란드의 한 대학 연구팀은 건강한 성인 스물두 명의 혈액을 분석해 봤대. 그랬더니 그중 열일곱 명의 혈액에서 미세 플라스틱을 발견했다고 해. 미세 플라스틱이 우리 몸속에 쌓였을 거라는 예측은 있었지만, 이 정도일 줄이야. 미세 플라스틱이 혈액 속을 돌아다니다가 우리 몸에 어떤 문제를 일으키는지는 아직 정확히 몰라. 하지만 너무나 분명한 사실이 있지. 우리가 만들어 쓰다 버린 플라스틱이 결국 우리 몸속으로 돌아온다는 것.

태평양에 거대한 쓰레기 섬이 만들어졌다는 이야기는 들어 봤어? 어업에 쓰인 플라스틱 쓰레기는 물론이고 바다로 흘러 들어간 생활 쓰레기들이 해류를 따라 움직이다 모여서 만든 섬이래. 물에 둥둥 떠다니던 크고 작은 쓰레기들이 모인 거지. 대한민국 면적의 열여섯 배 정도였대. 난 가끔 이걸 처음 발견한 사람의 마음이 어땠을까 생각해 보곤 해.

이 쓰레기 섬은 그대로 놔두면 인류에게 큰 위협이 될 거야. 플라스틱이 잘게 쪼개져 미세 플라스틱이 됐다가 플라스틱 제조 과정에서 첨가된 화학 물질이 모두 바닷물에 녹아들 거야. 결국 해양 생물이 잘 성장하지 못하고, 생식을 하지 못하겠지. 먹이사슬이라는 거 알지? 이 사슬을 따라 결국 인간에게도 피해가 돌아

올 거야. 그래서 과학자들은 바다에서 이 흉물스러운 섬을 치우기 위해 여러 방안을 연구하고 있어. 하지만 그게 끝이 아님을 누구나 알지.

분리배출을 했는데?

다들 분리수거 열심히 하고 있지? 그런데도 플라스틱 쓰레기가 적절하게 처리되지 않는 이유는 무엇일까? 지난 20년간 플라스틱 생산량과 폐기물 배출량은 두 배 이상 늘어난 반면 플라스틱 쓰레기 재활용 비율은 9%에 불과했대. 나머지는 소각하거나 땅에 묻고, 아니면 바다에 아무렇게나 버려지지.

분리수거장에는 플라스틱만 따로 모아 놓는 구역이 있어. 그럼 거기에 플라스틱을 모아 두면 되겠지? 그런데 사실 플라스틱도 종류가 여럿이야. 페트(PET), 폴리염화 비닐(PVC), 폴리프로필렌(PP), 고밀도 폴리에틸렌(HDPE) 등…. 같은 재질의 플라스틱끼리 모아야 재활용을 제대로 할 수 있어.

음료수 페트병이 하나 있다고 치자. 거기에는 뚜껑, 뚜껑 아래에 붙은 고리, 제품 이름이 적혀 있는 라벨이 있지. 이들은 모두 플라스틱이지만 재질이 달라. 라벨은 분리수거할 때 떼어 버린다고 해도 완벽하게 떨어지지 않는 경우가 있고, 뚜껑을 닫아 분리배출하게 되어 있기 때문에 엄밀히 말하면 다른 재질을 섞어 배출하는 셈이야.

결국, 분리수거를 소비자가 열심히 한다 해도 한계가 생겨. 일단 제품 자체가 분리수거하기 까다롭게 만들어졌어. 그리고 분리배

출에 돈이 들기 때문에 어느 정도 섞어 배출하는 것을 허용하는 거야. 재활용률이 낮아질 수밖에 없지.

음식물 쓰레기는 어떨까?

집에서 음식물 쓰레기가 얼마나 나오는 것 같니? 우리나라에서 2021년에 관련 조사가 발표된 적이 있어. 이에 따르면 음식물 쓰레기, 즉 식품 폐기물 발생량이 크게 늘었고, 1인당 하루에 400그램 넘게 버린대. 그런데 여기서 중요한 점 한 가지. 가정이나 식당에서 버리는 음식물 쓰레기는 줄어드는 추세인데 기업에서 버리는 양은 늘고 있다는 거야.

이 말의 의미는 뭘까? 우선 예쁘고 크게 자라지 못한 음식 재료는 시장에 나가 보지도 못하고 버려져. 기업이 식품을 잔뜩 만들었다가 제때 소비자를 찾지 못하면 폐기하기도 하고. 우리나라 기업은 음식물 쓰레기를 배출하는 데 엄격한 관리를 받지 않는 편이어서 얼마나 버리는지, 어떻게 처리하는지 정확히 알 수 없다고 해. 버려지는 음식물 쓰레기는 수거하고 재활용하거나 매립하는데, 이때 배출되는 온실가스도 무시할 수 없어.

버려지는 음식물을 어떻게 할까?

　우선 산업계에서 배출하는 비율이 높은 만큼 이에 대한 대책도 산업계가 주도하는 게 맞을 거야. 기업으로 하여금 상품을 만들면서 배출되는 부산물을 어떻게 활용할지, 폐기되는 음식물을 어떻게 처리할지 구체적으로 계획하고 보고하도록 만들어야지. 그건 소비자가 압박하고 정부가 실행해야 해.

　중국에서는 음식을 낭비하지 못하도록 '먹방'을 금지하는 법을 시행했대. 이런 법에 찬성하는 건 아니야. 하지만 먹방이 소중한 먹거리를 재미 삼아 소비하게 만드는 면이 있다는 점은 무시하지 못하겠어. 불필요한 소비를 부추기는 것도 사실이고.

　미국, 캐나다 등 여러 나라에서는 오래전부터 식품에 유통 기한이 아닌 소비 기한을 표시했어. 유통 기한은 식품을 만든 시점부터 소비자에게 판매할 수 있는 기한이야. 소비 기한은 섭취해도 안전한 기한이고. 소비 기한이 유통 기한보다 훨씬 길지. 그런데 우리나라에서는 유통 기한만 표시해서, 이 기한을 넘긴 식품은 그대로 쓰레기통으로 버려지는 경우가 많았어. 다행히 2023년 1월부터는 우리도 유통 기한을 소비 기한으로 바꿔 표시하도록 제도를 바꾸었어.

전 세계에서 농산물의 25% 정도가 못생겼다는 이유로 먹기도 전에 버려진다는 말 들어 봤니? 자라나면서부터 울퉁불퉁 못생겼을 수도 있지만, 유통하는 과정에서 흠집이 나기도 하지. 소비자가 그런 상품을 외면하기 때문에 바로 쓰레기 신세가 돼.

과학은 마술이 아니야

천연 원료를 사용하지 않고 최초로 플라스틱을 만든 건 20세기 초야. 당시에는 베이클라이트라는 이름이 붙었어. 석유를 사용하고 난 부산물로 만들기 때문에 값이 싼데다가, 어떤 모양이든 쉽게 만들 수 있고 가볍고 튼튼하니 인류에게는 엄청난 발견이자 도약이었지. 플라스틱은 아직도 개발 중이야. 인체에 들어가도 안전한 인공 관절이나 피부를 플라스틱으로 만들기 위한 연구, 엄청난 열에도 견디는 플라스틱, 단단하지만 접었다 펼 수 있는 플라스틱 등 다양한 모양과 형태, 재질을 연구하고 있지. 이렇듯 지금까지는 인류가 처한 문제를 과학의 힘으로 많이 해결해 왔어.

그런데 플라스틱 쓰레기 문제는 왜 해결하지 못할까? 물론 과학자들은 여러 방면으로 노력하고 있어. 플라스틱 쓰레기를 효과적으로 수거하는 법부터 시작해서, 플라스틱을 분해하는 미생물도 찾고, 자연적으로 분해되는 플라스틱을 개발하기도 해. 아예 쌀이나 옥수수 같은 곡물로 플라스틱을 만드는 방법도 연구하고. 하지만 아직 플라스틱 쓰레기 문제를 시원하게 해결하기엔 부족해.

음식물 쓰레기도 사정은 비슷해. 현재 음식물 쓰레기는 퇴비나 사료로 많이 재활용되고 있어. 하지만 이렇게 처리하는 데에도 더러운 물이나 가스, 악취가 너무 많이 나와. 이를 운반하고 사람

이 일일이 분리하고 처리하는 데 드는 에너지도 상당하지. 그래서 음식물 쓰레기를 처리하는 곤충을 연구하고, 음식물 쓰레기에서 발생하는 가스를 연료로 재생해 사용하기도 해. 하지만 모든 쓰레기 문제는 비슷해. 재활용에 기대기엔 쓰레기가 너무 많아. 과학은 마술이 아니야. 인간이 무슨 짓을 하든 마술봉 한 번 휘둘러서 해결할 수는 없어.

국가에서는 어떤 노력을 할까?

정부도 쓰레기 문제를 해결하려고 노력하고 있어. 우선 생산 단계에서부터 플라스틱 사용을 줄이고, 폐플라스틱을 재활용하거나 재사용하는 비율을 높이도록 정책을 만들었지.

오스트리아는 2025년까지 음료 포장재의 일정 부분을 반드시 재사용하도록 하는 법을 만들었어. 프랑스는 포장재의 10%를 2027년까지 재사용 가능한 소재로 전환하는 법을 만들었고. 인도는 2022년 6월부터 불필요한 일회용품 플라스틱 제품들을 사용하지 못하게 했어. 유럽연합(EU)은 2021년부터 포크, 나이프, 빨대 등 일회용 플라스틱 제품 사용을 전면 금지하고, 2025년까지 비닐봉지 사용량을 80% 감축하기로 했어.

그런데 예상치 못한 변수가 생겼어. 바로 코로나19 바이러스야. 이로 인해 하루 평균 쓰레기 발생량이 크게 늘었는데, 특히 플라스틱 쓰레기의 양이 엄청 증가했어. 음식 배달, 택배 등에 사용하는 일회용 플라스틱이 많아진 거야. 태우자니 인근 주민들의 건강에 심각한 위협이 되고 더 이상 묻을 곳도 없는데, 넘쳐나는 플라스틱 쓰레기를 어떻게 처리해야 할까?

이제 플라스틱이 생산되고 소비되고 쓰레기가 되어 버려지는 방식을 완전히 바꾸지 않으면 안 돼. 그래서 세계 각국은 보다 구속력이 강한 국제 협약을 준비하고 있어.

우리의 할 일을 하자

얼마 전에 바닷가에 머물 만한 숙소를 찾아봤거든. 그런데 한 민박 홈페이지에 "시간이 되면 같이 플로깅을 해요"라는 문구가 있더라. 플로깅은 스웨덴어 'plocka upp(이삭을 줍다)'와 영어 'jogging(달리기)'을 합친 말인데, 달리기를 하면서 쓰레기를 줍는 행동을 가리켜. 그 민박 주인은 해변을 산책하면서 쓰레기를 줍는 모양이야. 자연을 즐기며 적극적으로 자연을 위한 행동을 한다는 게 참 좋더라. 게다가 내가 하는 행동이 전체에 얼마나 큰 영향을 줄지 의심하지 않고, 그냥 할 수 있는 일을 하는 거잖아.

당연히 플라스틱 자체는 잘못이 없어. 오히려 고마워해야 하는 점이 많지. 플라스틱이 없다면 당장 어떤 일이 일어날까? 우리가 감염의 위험을 걱정하지 않고 병원에서 치료받을 수 있을까? 아닐걸. 플라스틱이 아니었다면 식료품을 구석구석 유통해서 누구나 어려움 없이 영양을 공급받기 힘들지 않았을까? 플라스틱이 인류에게 기여한 부분은 결코 작지 않아. 너무 많이 만들어서 지구가 감당할 수 없을 정도로 내다 버린 '사람'이 문제지.

플라스틱 사용을 줄이기 위해 텀블러를 사서 여러 번 사용하자? 환경 보호 메시지를 담은 에코백을 메자? 북극곰을 지키기 위해 배지를 구매하고, 비건 가죽 가방을 사고 업사이클링 점퍼를 입자? 이런 건 다 가짜야. 전부 다 가짜는 아니더라도 최소한 가짜에 가깝다고 볼 수 있을 거 같아. 환경 보호를 위해 우리가 할 수 있는 가장 유효하고 쉬운 일은 안 사는 거야. 일단 가지고 있는 것부터, 최대한 오래 사용하는 게 제일 좋은 방법이야.

배달 음식이 꼭 필요한 사람도 있을 거야. 나만 해도 옴짝달싹하지 못할 때 배달 음식을 어디선가 만들고, 누군가 편리하게 집 앞까지 가져다준다는 데에 깊이 감사하는 마음이 들었거든. 그런데 배달 음식 시킬 때는 항상 불필요한 플라스틱 제품이 같이 오더라. 잘 먹지 않는 반찬, 플라스틱 수저, 포장된 비닐을 뜯는 작은 플라스틱 칼까지…. 음식을 주문할 때 일회용 수저 등은 사양한다고 전달하는 것도 좋은 실천 방법이 될 것 같아. 음식물 쓰레기가 나오면 최대한 염분과 물기를 제거해서 배출하는 것도 처리에 드는 에너지를 줄이는 방법이야.

하지만 앞에서도 여러 번 말했지? 쓰레기 처리 방법을 고안하고 실천하는 것보다 훨씬 더 근본적인 대책이 있어. 꼭 필요한 만큼만 사서 최대한 오래, 남김없이 쓰고 먹는 거지.

할머니의 생선 구이가 작아진 이유는?
생물 다양성이 유지되는 세상

오늘은 일주일에 한 번 할머니랑 밥을 먹는 날이야.
할머니는 내가 가면 꼭 생선을 구워 주셔. 내가 잘 먹는다고!
그건 정말이야. 할머니가 구워 주시는 생선은 유독 고소하고
기름이 좌르르 흐르는 게 얼마나 맛있는지 몰라.
이런 게 할머니의 손맛이라는 건가?

그런데 생선이 맛있다는 말에 할머니는 이상한 소리를 하셨어.
옛날에는 조기가 팔뚝만 하고 나만 한 문어도 흔했다는 거야.
물론 맛도 더 좋았대. 어른들은 옛날 건 다 좋다고 하니까
할머니도 그런 건가? 아니면 할머니 말이 사실일까?

할머니가 어릴 때는 왜 생선이 더 컸을까?

할머니는 옛날엔 생선이 훨씬 컸다고 말씀하셔. 이건 "나 때는 좋았지" 같은 푸념인 걸까? 아냐. 환경 변화에 대한 '증언'이기도 할 거야. 정말로 할머니 세대에는 지금보다 바다에 물고기가 풍부했고, 크기도 컸어.

그럼 왜 할머니 때보다 물고기의 크기가 작아졌을까? 우선 기후 변화를 원인으로 꼽을 수 있어. 지구가 뜨거워지면서 땅 위보

환경 오염, 지구 온난화, 남획 등의 이유로 바다 생물 1,500여 종이 멸종 위기래.

다 바닷물 온도가 더 많이 올랐어. 바닷물 온도가 오르면 바닷속의 산소량이 줄어들게 돼. 물고기가 클수록 더 많은 산소가 필요하다 보니 자연스레 큰 물고기들은 생존에 어려움을 겪고 작은 물고기들만 남게 되었지.

작은 물고기라도 문제가 없는 건 아니야. 물고기마다 자신에게 맞는 수온에서 번식해야 하는데, 작은 물고기가 이동할 수 있는 거리는 그리 길지 않거든. 그래서 자신에게 맞는 바다를 찾아 멀리 이동하지 못하는 작은 물고기들도 생존에 위협을 받고 있지.

또 인간이 무분별하게 물고기를 잡는 것도 물고기 크기와 수가 줄어드는 데 영향을 끼쳤어. 어업 기술이 발달하고 사람들이 수산물을 더 많이 먹게 되자 남획, 혼획이 늘었거든. 남획은 물고기

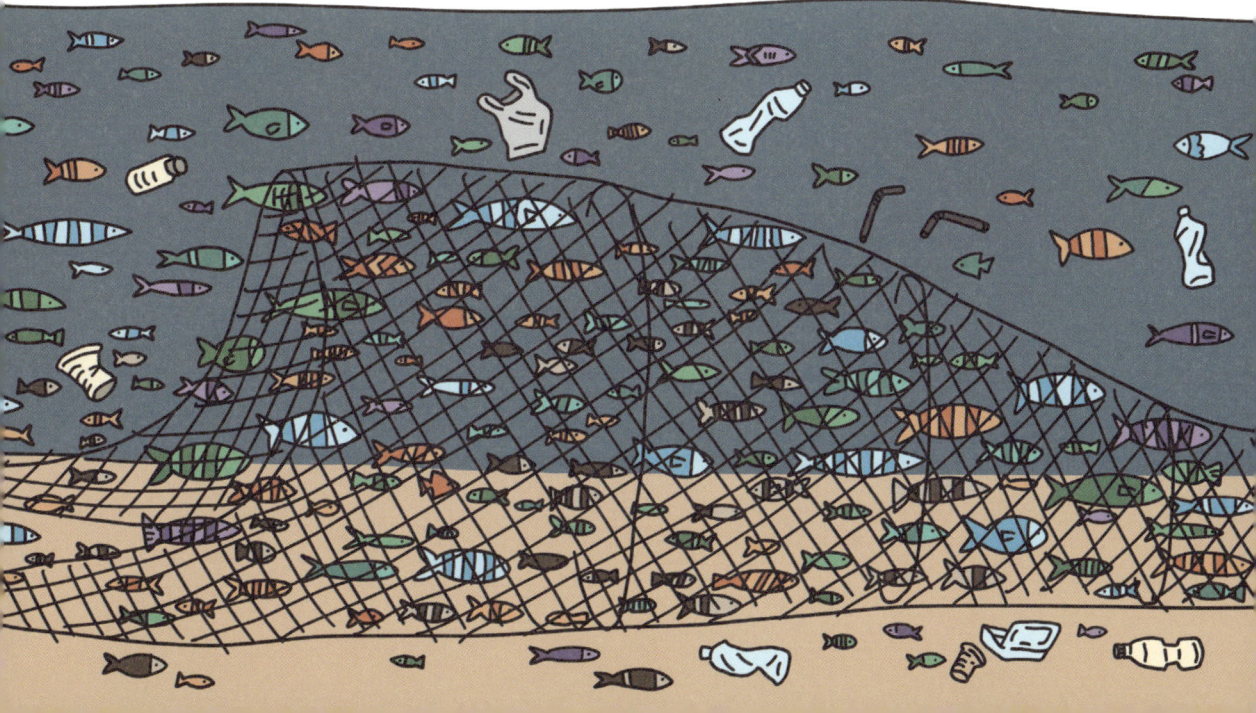

등을 마구잡이로 잡아들이는 거고, 혼획은 원래 잡으려던 것 말고 다른 종도 잡아들이는 걸 뜻해. 물론 정부는 번식 기간에는 특정한 종을 잡지 못하게 하거나 인공적으로 키운 어린 물고기를 바다에 놔주는 등 생태계 복원을 위해 노력하고 있어.

환경 오염으로 물고기가 떼죽음을 당하거나 성장에 방해를 받는 경우도 많아. 만일 인간이 사라지고 아주 긴 시간이 지난다면 물고기도 서서히 변화한 환경에 적응하며 살 수 있을 거야. 하지만 인간은 여전히 빠르게 환경을 파괴하고 있지.

이런 일이 바다에서만 일어날 리 없어. 이렇게 환경 오염으로 인해 생물이 멸종되고 종 수가 줄어든다면, 어떤 일이 일어날까?

생물 다양성이 뭐야?

생물 다양성이라는 말을 들어 봤어? 지구에는 셀 수 없이 많은 생물이 어우러져 생태계를 이루어 살고 있어. 동물이며 식물, 미생물이 모여 서로 영향을 주고받으면서 말이야. 셀 수 없다는 건 수가 많아서이기도 하지만, 인간의 눈으로는 아직 발견하지 못한 생물이 많다는 뜻이기도 해.

생물 다양성이란 말 속에는 종이 다양하다는 것 외에도 많은 의미가 포함되어 있어. 종이 다양함으로써 만들어 내는 풍요로움, 혹은 종이 다양하여 유전자가 잘 보존되는 생존의 문제 등이 그것이지. 결국 생물 다양성이란 생물 종이 다양하고, 생물이 살아가는 생태계가 다양하고, 생물이 가지고 있는 유전자가 다양하다는 말로 이해할 수 있어.

생물 다양성이 무너지고 있다는 이야기는 오래전부터 계속되어 왔어. 프랑스국립과학연구원(CNRS) 연구진은 이런 발표를 했어. "생물 다양성 위기 문제가 해결되지 않는 것은 과학적 지식이 부족하기 때문이 아니라, 의사 결정이 인간 활동에 더 유리하게 이루어졌기 때문이다." 과학자들은 한결같이 지적하고 있지. 몰라서 행동하지 못하는 게 아니라 인간이 알고도 고치지 않기 때문이라고.

생물 다양성은 곧 인간의 생존 문제

인간이 자연을 지켜야 하는 이유는 무엇일까? 생물 다양성을 유지해야 하는 까닭은? 인간의 관점으로 보면 '우리가 생존하기 위해서'라고 하면 간단할 것 같아.

의학이 발전한 덕분에 사람들의 평균 수명이 늘었어. 많은 질병에서 해방되었고, 치료도 가능해졌지. 이런 의학의 기반도 자연이야. 항생제, 항암제 같은 치료제는 모두 자연에서 발견한 걸 기반으로 만들어. 어떤 물질은 실험실에서 합성할 수 있지만, 어떤 물질은 아직도 자연에서 직접 가져다 쓰기도 해.

살아가면서 고단하고 지친 마음을 위로받는 곳은 어디지? 맑은 공기, 밝은 햇살, 눈이 트이는 풍경 같은 자연 속에서 인간은 편안함을 느껴. 즉 인간은 자연에서 편리함을 얻고, 행복감을 느끼고, 거의 모든 것을 얻는다는 거야.

생물 다양성을 유지해야 하는 이유는 뭐냐고? 얼음을 찾지 못해 죽어 가는 북극곰이 불쌍해서? 그것도 맞는 말이야. 모든 생물은 그 자체로 존재할 가치가 있어. 하지만 북극곰은 주변에서 쉽게 볼 수 있는 동물이 아니잖아. 그래서 '북극곰을 돕자'라는 말은 자칫 '착한 일을 한다' 정도로 멀게 느껴질 수 있을 것 같아. 사실 생물 다양성은 우리의 생존과 관련된 문제인데도 말이야.

자연은 서로 연결되어 있어. 서로 의존하고 서로 기대어 살지. 이것이 무너지면 우리도 살 수 없어. 야생의 북극곰이 살 수 없는 세상이라면 인간도 살아가기 힘들어.

생물 다양성이 인간에게 주는 이익

　구체적으로 생물 다양성이 인간에게 어떤 이익을 주고 있는지 알아보자. 코로나 바이러스가 심각했을 때, 백신이 개발되었지. 덕분에 많은 취약 계층을 보호할 수 있었다는 점은 누구도 무시하지 못할 거야. 여기에 크게 공헌한 동물이 있어.

　혹시 투구게라는 동물 들어 봤어? 투구게는 '살아 있는 화석'이라고도 불리는데, 4억 5,000만 년 전 처음 출현해서 지금까지 같은 모습으로 생존해 있는 생물이야. 이 투구게에게는 특별한 능력이 있어. 투구게의 피는 파란색에 가까운데, 세균이 아주 조금이라도 들어가면 피가 바로 굳어. 그래서 백신에 세균이 유입되었는지 아닌지 확인할 때 효과적으로 사용할 수 있지. 백신의 안전성을 빠르고 간편하게 확인할 수 있는 거야. 덕분에 백신을 안정적으로 보급할 수 있었지.

　그런데 투구게의 입장에서는 비극이었을 거야. 백신이 많이 필요할수록 투구게의 혈액을 엄청나게 뽑아 댔으니까. 투구게는 2016년부터 멸종 위기 근접종으로 분류되었어. 투구게를 잡아서 혈액을 30% 정도 뽑고 다시 바다로 돌려보내기는 하는데, 다시 바다로 돌아간 투구게는 번식을 하지 않는 경향이 있어서 급속도

로 수가 줄어든다고 해. 지구가 몇 번이나 대멸종을 겪는 와중에도 살아남은 투구게가 결국 인간에 의해 멸종 위기에 이른 거지.

투구게가 멸종되면 투구게와 관계를 맺고 있는 생물도 위험해. 예를 들어 계절에 따라 이동하는 붉은가슴도요새 같은 철새들은 잠시 해안에 쉬면서 투구게의 알을 먹이로 삼는대. 그런데 투구게가 알을 적게 낳으니 이 새들은 필요한 에너지를 얻지 못하겠지. 이렇듯 자연은 너무나 꼼꼼하게 얽혀 있어. 그렇게 관계 맺는 생물이 차례차례 위기를 맞는데 인간이라고 예외일까?

코로나19 같은 전염병이 다시 유행한다면

생물 다양성이 강할수록, 즉 수많은 종이 서로 촘촘히 얽혀 안정적으로 존재할수록 외부에서 어떤 충격이 오더라도 견뎌 낼 수 있어. 붉은가슴도요새가 투구게의 알을 먹지 못하더라도, 비슷한 먹이를 구할 수 있다면 생존에 큰 영향을 받지 않겠지. 19세기에 아일랜드에서는 한 가지 품종의 감자를 재배했는데, 전염병이 도는 바람에 재배도 하기 전에 모조리 죽고 말았어. 이는 끔찍한 대기근으로 이어졌지. 만일 여러 가지 품종을 골고루 심었다면, 그

중 전염병을 이겨 내는 종도 있었을 거야.

과학자들은 앞으로 코로나19 같은 전염병이 더 빈번하게 나타날 거라고 이야기하더라. 생물 다양성은 이와 깊은 관련이 있어. 전염병을 옮기는 동물은 황폐한 환경에서 특히 번성하기 쉽고 세계 곳곳에 퍼져 사는 인간에게 옮길 수밖에 없으니까. 그러므로 이런 전염병 유행을 막기 위해서라도 생물 다양성은 반드시 지켜야만 해.

영구 동토층이라는 말을 들어 본 적이 있는지 모르겠다. 북극이나 남극 같은 극지방이나 지대가 높은 지역에는 1년 내내 영하 온도를 유지하는 토양층이 있어. 2년 이상 토양 온도가 영하를 유지하면 그 지층을 영구 동토층이라고 해. 그런데 영구 동토층의 토양 속 얼음도 역시 빠른 속도로 녹고 있어.

영구 동토층이 사라진다면 인간에게는 전혀 저항력이 없는 고대의 바이러스가 나타날 수 있어. 만약 정말로 그런 일이 벌어진다면 결과는 아무도 예상할 수 없겠지? 생물 다양성이 무너진 지구에서 이 바이러스를 옮기는 작은 동물은 빠르게 늘어날 테고 말이야.

코로나 바이러스만으로도 우리는 엄청난 대가를 치렀어. 변이가 빠르게 일어나고 치명률도 높았어. 그래서 백신을 만드는 것도 어려웠던 데다 완전히 퇴치하지도 못했어. 그런데 이보다 더한 바이러스가 나타난다면 어떨지 상상도 못하겠다.

그리고 인간은 자연 안으로 너무 깊숙하게 들어가 있어. 인간이 거주하고 경작하는 영토를 늘리기 위해 동물의 공간으로 너무 파고들었지. 결국 질병이 종을 건너 퍼져 나가기 쉬운 환경을 인간 스스로 만든 셈이야.

꿀벌이 사라지고 있어

동물 한두 종이 멸종된다고 해서 정말 인간 생존도 큰 위협을 받는지 아직도 잘 모르겠다고? 그럼 꿀벌 이야기를 한번 해 볼게.

최근 전 세계에서 꿀벌이 실종되는 일이 벌어지고 있어. 날이 따뜻해지면 돌아다녀야 할 꿀벌이 갑자기 모습을 감춘 거야. 꿀벌 실종 사건에 대해 여러 전문가가 원인을 분석하고 있는데 그중 한 가지 큰 이유로 지목된 게 기후 변화야.

꿀벌은 꽃에서 꿀을 따다가 애벌레를 키워. 꿀이 있어야 꿀벌들이 계속 살아갈 수 있는 거지. 그런데 최근 몇 년간 우리나라 기후를 살펴보니 꽃이 피는 5, 6월에 비가 내리고 강풍이 불면서 기온이 낮았고, 2~4월에는 기온이 높았다는 거야. 그러다 보니

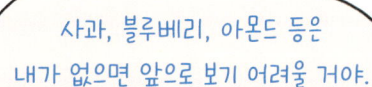

사과, 블루베리, 아몬드 등은 내가 없으면 앞으로 보기 어려울 거야.

꿀벌이 본격적으로 활동하기 전에 어떤 꽃은 이미 피었다가 지고, 꿀벌이 활동할 때쯤에는 기온이 내려가서 그맘때 활짝 펴야 할 꽃이 제대로 피지 않았지.

그리고 추위에 약한 꿀벌이 월동기에도 기온이 높으니까 꿀을 따러 나갔다가 갑자기 추워지면 금세 죽어 버려서 집으로 돌아오지 못하기도 했어. 또 최근 빈번히 일어난 큰 산불도 영향을 끼쳤을 거야.

만약 꿀벌이 사라진다면 인간은 어떻게 될까? 꿀벌은 꽃과 꽃 사이를 돌아다니며 꽃가루를 옮겨 열매를 맺게 하는 대표적인 화분 매개 곤충이야. 유엔식량농업기구(FAO)에서는 전 세계 식량 작물 4종 중 3종

은 벌 같은 화분 매개 생물에 의존해 생산한다고 보았어. 그러니 꿀벌이 멸종한다면 인간이 먹는 식량 자원도 급속도로 줄어들 테고 전 세계에 식량 위기가 닥칠지도 몰라.

인간에게 생물 다양성이란

생물 다양성이 사라진다는 것은 인간의 삶을 모든 면에서 위협해. 물과 공기 오염 물질을 정화하고, 토양을 유지하고 기후를 조절하고 질병 발생을 막고, 인간에게 기쁨과 안정을 줄 뿐 아니라 음식물을 제공하는 이 모든 기능이 멈추겠지. 산업화로 인해 자연이 파괴되면서 수만 년에 걸쳐 저장하고 있던 탄소 저장고가 파괴되었어. 그래서 기후 변화는 더 빨라졌고, 인간이 전에는 만나지 못한 질병에 노출되었는데, 이는 앞으로 더 심각해질 거야. 우리는 정말 여섯 번째 대멸종을 앞두고 있는 걸까?

무너져 가는 생물 다양성을 회복하려면 또 처음으로 돌아갈 수밖에 없어. 인간 활동으로 발생하는 이산화탄소 등 온실가스를 줄이는 거야. 모든 문제는 항상 거기에서 다시 시작해.

엄마랑 내가 '오늘은 뭐 먹을까?' 고민할 때 제일 마음이 잘 맞는 건 빵이야!
빵! 이름도 먹음직스럽지 않아? 빵 가게에서 나는 고소하고 달콤한 냄새!
진열대에 가득 들어찬 통통하고 노릇노릇한 빵들!
냉장고에는 알록달록 화려한 케이크들! 천국이 있다면 빵 가게 같을 거야!

당장 빵을 사러 갔어. 근데 빵이 너무 비싼 거야.
내가 선뜻 고르지 못하고 머뭇거리자 빵 가게 사장님이
재료가 비싸 빵 값도 올릴 수밖에 없다고 말씀하셨어.
미안해하시는 기색이었지만, 사장님이라고 해서 뭘 어쩌시겠어.
물가가 다 올랐다는데.

왜 밀가루 값이 올랐을까?

음식 재료를 직접 사 본 사람이라면 느끼고 있을 거야. 먹거리 물가가 아주 많이 올랐어. 라면이니 과자니 하는 가공식품 가격이 비교적 이르게 올랐지. 사실 예상하던 일이긴 해. 이미 여러 가지 징후가 보였거든.

우선 최근 러시아가 일으킨 전쟁 때문에 곡물 수입이 어려워졌어. 전쟁 때문에 생산량도 줄어들었고, 유통도 힘들어진 데다 비료나 제초제 등 농사에 필요한 제품을 구하기도 어려워졌다고 해. 그래서 원재료를 수입해서 가공하는 라면이나 과자 같은 가공식품 가격이 먼저 오른 거야. 환율이 올라서(즉 우리 돈의 가치가 떨어져서) 외국에서 원료를 수입할 때 예전보다 더 돈을 많이 내야 하는 것도 이유 중 하나야.

이뿐만이 아니야. 세계 곳곳에서 기후 변화로 인해 예전처럼 곡물을 생산하지 못하고 있어. 우리나라는 해마다 먹거리를 재배하는 땅이 줄고 있기도 하지. 특히 밀 같은 곡물은 자급률이 1%도 채 되지 않아. 전적으로 수입에 의존하고 있기 때문에 전쟁이나 흉작 같은 외부 요인이 생겼을 때 대응하기가 힘들어.

세계 곳곳에서 흉년이 들고 있어

　미국과 남미는 곡물을 수출하는 주요 국가야. 그런데 2021년에 가뭄이 심하게 들어서 2022년에는 흉작이었다고 해. 그래서 어떤 나라는 자국에 필요한 곡물도 부족할 수 있다며 수출을 중단하기도 했어.

　2022년 봄, 인도에서는 이례적인 폭염 때문에 50도가 넘는 기온을 보였어. 동물들도 탈진해서 쓰러질 정도였다니 얼마나 심각했을까? 이런 와중에 밀 농사가 제대로 될 리 없지. 당연히 생산량이 급감해서 인도는 밀 수출을 금지하는 조치를 취했어. 세계에서 거래되는 곡물 가격이 상승한 데에는 이런 이유도 있어. 기후 변화가 결국 사람들이 그토록 좋아하는 '경제'에도 악영향을 준 거야.

　우리나라는 밀가루를 거의 전량 수입에 의존하고 있다고 말했지? 우리나라는 오래전에 밀가루 농사를 포기했기 때문에 수입에 의존하고 있어. 그런데 생각해 봐. 밀가루로 만든 음식이 얼마나 많은지. 라면, 과자, 빵, 짜장면…. 왜 먹거리 중에 가장 먼저 이런 품목의 가격이 올랐는지 이해가 되지?

　라면이나 과자를 튀길 때는 물론이고 초콜릿, 화장품, 세제, 로

션을 만들 때 사용하는 등 여러 가지 용도로 쓰이는 팜유, 들어 봤니? 이 팜유 가격도 치솟았어. 전쟁 중인 우크라이나는 세계적인 해바라기유 수출국인데, 전쟁 때문에 수출이 힘들어졌지. 그래서 팜유 수요가 더 커지고 가격이 올랐어. 한편 열악한 조건 때문에 노동자가 일하기를 원치 않아서 생산량이 줄기도 했대.

이렇게 코로나 바이러스, 전쟁, 기후 변화 등 여러 가지 요인으로 인해 먹거리 물가가 높아졌어. 당분간 이런 현상이 지속될 것 같다는 게 주된 의견이야. 그래서 '식량 보호 무역'이나 '식량 안보' 같은 말들이 심심치 않게 들려오고 있지.

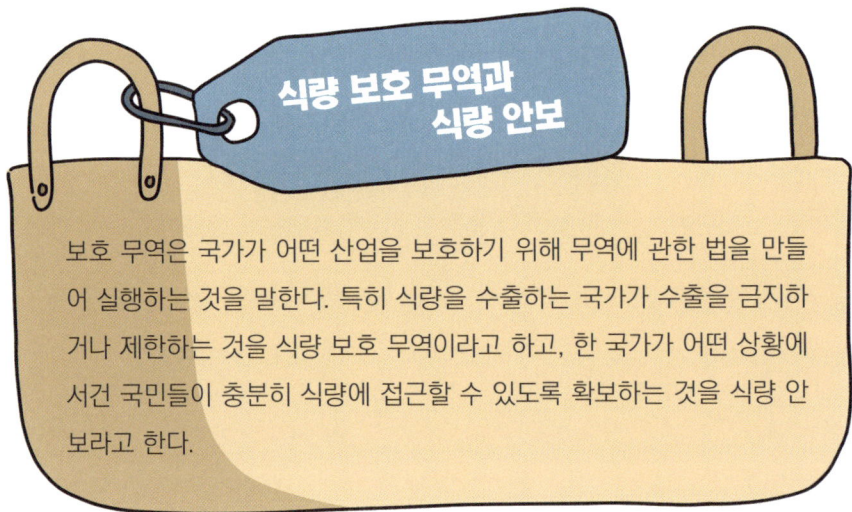

식량 보호 무역과 식량 안보

보호 무역은 국가가 어떤 산업을 보호하기 위해 무역에 관한 법을 만들어 실행하는 것을 말한다. 특히 식량을 수출하는 국가가 수출을 금지하거나 제한하는 것을 식량 보호 무역이라고 하고, 한 국가가 어떤 상황에서건 국민들이 충분히 식량에 접근할 수 있도록 확보하는 것을 식량 안보라고 한다.

굶주림에는 끝이 없어

 세계 인구는 몇이나 될까? 2022년 11월에 80억 명이 넘었대. 인구는 18세기 중반 산업 혁명이 시작된 이후 농업과 의학이 크게 발전해 꾸준하고도 빠르게 늘었지. 1960년에는 30억, 1974년에는 40억, 1999년에는 60억 명이 되었어.

 한편 굶주리는 사람들도 계속해서 늘고 있어. 유엔식량농업기구에 따르면 2019년에는 6억 9,000만 명, 2020년에는 여기에서 1억 3,000만 명이 증가한 8억 1,000만 명에 이른다고 했어. 우리나라 인구가 5,000만 명이 넘는다는 건 알고 있지? 대충 어림해도 세상에 굶주리는 사람들이 어마어마하게 많다는 걸 알 수 있어.

 그런데 식량 위기가 온다면? 안 그래도 기아에 허덕이던 사람들에게는 너무나 가혹하겠지? 앞으로 점점 기후 변동성이 심해지고 예측하기도 어려워져서 예전처럼 식량을 생산할 수 없다고 해. 식량을 많이 수출하던 국가 중에는 이러한 위기에 대처하기 위해서 수출을 금지하는데, 이건 원래 기아에 허덕이던 국가에는 너무나 청천벽력과 같은 일인 거야. 특히 아프리카의 몇몇 나라는 식량의 80%를 수입해. 만약 세계적인 식량 위기가 닥쳐서 많

은 나라에서 식량 수출을 금지한다면 식량을 생산하지 않는 나라는 어떻게 될까? 식량을 구하기가 어려워지고, 가난한 사람들은 더 심한 굶주림에 처하게 될 거야.

식탁 물가가 오를 때

어떤 문제건 그렇지만, 식량 위기 때문에 물가가 오르면 가난하고 약한 사람들에게 더 가혹한 일이 돼. 정작 지구를 마음대로 착취해서 자원을 펑펑 쓴 건 높은 자리에 있는 사람들인데, 피해는 약한 이들이 제일 먼저, 가장 크게 받는 거지.

아까 아프리카 대륙의 어떤 나라에서는 80% 이상 식량을 수입한다고 했잖아. 그렇다면 우리나라는 어떨까? 농림축산식품부가 발표한 바에 따르면 2020년 기준 우리나라의 식량 자급률은 45.8%야. 가축에게 먹일 사료까지 포함하면 20.2%에 불과해. 안심할 만한 수치는 아닌 것 같지? 전쟁 같은 외부 요인으로 인해 얼마든지 식량 위기를 겪을 수 있어.

'식량이 핵보다 무서운 무기'라는 말도 있어. 식량 문제가 그만큼 심각하다는 소리지. 식량 위기에 대처하려면 정부는 해외에서 충분한 식량을 들여올 수 있도록 공급망을 확보하고, 농사를 보조하는 등의 역할을 해야 해. 그렇지만 이건 일이 벌어진 뒤의 대책일 뿐이야. 예측할 수 없는 기후 변화가 닥치면 그건 사람의 힘으로는 어쩔 수 없을 거야. 식량을 확보하려는 갈등은 더 커질 수밖에 없겠지.

누구도 피할 수 없어

식량 위기로 직접적이고 돌이킬 수 없는 고통을 받고 있는 이들은 누굴까? 이미 기아에 시달리고 있던 아프리카, 그리고 어린이와 노인, 여자 같은 약자일 거야.

소위 말하는 선진국이라고 해서 남의 일처럼 볼 순 없어. 미국에서는 이미 식량 위기로 인한 물가 상승, 이와 연결되는 생활비 상승 때문에 저소득층이 굶주리고 있다고 해. 영국 같은 나라도 식료품 물가가 급격히 올라서 서민들이 고통받고 있고. 이는 단기간에 해결될 문제가 아니라는 점에서 심각해. 전문가들은 몇 년 동안 이런 고통이 지속될 거라고 이야기하던데, 그렇다고 해서 이후 획기적으로 해결될 거라는 뜻도 아니야.

나는 사회에서 약자가 아니라서 괜찮을까? 언제까지나 식량 문제에서 안전할 수 있을까? 2020년에 위생용품 만드는 회사에서 제품에 대해 안내하며 다음과 같은 글을 냈어. "…가난한 자가 단지 가난하기 때문에 불결할 수밖에 없다면 공중위생은 아무리 부유한 자도 결코 도달할 수 없는 상태가 되"고 만다고. 이 말은 공중위생뿐만 아니라 사회 시스템 어디에도 적용될 수 있는 이야기일 거야. 어떤 사람이 가난하다고 해서 굶주릴 수밖에 없다면, 부자라고 해서 안전하게 살아갈 수 있을까? 그 사회는 정상적으로 돌아갈 수 있을까?

과학은 무엇을 하고 있을까?

유전자 변형(GMO) 농작물에 대해 들어 본 적 있니? 유전자 변형 기술을 이용하면 농작물의 생산량을 늘릴 수 있을 뿐 아니라 가뭄 같은 재해에도 강하고 더 큰 작물을 키울 수 있어. 식량이 부족한데 이런 기술이 나왔다는 것은 분명히 좋은 일이라고 할 수 있겠지? 옥수수 통조림이나 두부 등은 유전자 변형 식품으로 우리 식탁 곳곳에서 찾아볼 수 있어.

"자, 요리조리 조합을 해 봅시다"

하지만 모든 일에는 양면이 있지. 유전자 변형 식품에 대한 우려도 있거든. 첫째 유전자 변형 식품이 인체에 어떤 영향을 끼칠지 아직 정확히 알 수 없다는 거야. 한 세대 안에서 별 문제가 없었더라도 몇 세대를 거친 뒤에 어떤 문제가 일어날지, 현재의 과학 수준으로는 알 수 없거든. 유전자 변형 종자 등을 파는 기업, 혹은 이를 수출하는 국가에서는 유전자 변형 식품이 까다로운 검증을 거친 안전한 식량이라고 하지만 앞서 말한 이유로 유전자 변형 기술은 아직 불완전하다고 주장하는 학자도 많아.

또 다른 문제도 있어. 앞에서 생물 다양성에 대해 이야기했잖아. 그런데 유전자 변형 농작물은 단일 작물을 대규모로 재배해. 대량 생산이 목적이니까. 그러다 보니 주변의 환경을 파괴하는 경우가 많아. 결국 토종 종자가 설 자리를 잃기도 하지. 생물 다양성을 해치는 방향으로 재배하게 된다는 거야. 유전자 변형 농작물을 반대하는 사람들은 결국 종자와 농약을 생산하는 대기업만 부자가 될 뿐이고, 이로 인해 식량 위기를 해결하지도 못한다고 주장하지.

유전자 변형은 동물에게도 영향을 미치고 있어. 이미 유전자 변형 연어가 상품화 단계에 있지. 생장 속도가 빠르고 질병에 강한 연어로 말이야. 조류 독감에 강한 저항력을 가지고 있는 닭도 유전자 변형 연구 중이야. 우리나라에서도 근육량이 많은 돼지, 한우를 개발하는 데 성공했어. 과학자들은 이런 유전자 변형 동물이 불안정한 사료 수급에 해결책이 될 수 있고, 환경 보호에도

유전자 변형 식품이 늘어나면 굶주리는 사람들은 줄어들까? 혹시 굶주리는 사람도 늘고 버려지는 음식 쓰레기도 늘어나지는 않을까?

이점이 있다고 밝히고 있어. 하지만 아직은 안전성이 완전히 확보되지 않았기 때문에 생산 승인까지 가지 못했고, 아마 마트에서 볼 수 있게 되더라도 소비자들이 갖는 거부감을 무시할 수는 없을 거야.

식량 위기에서 나는 무얼 해?

너무 큰 문제 앞에서 무기력해지기는 쉬워. 우리가 기후 위기나 식량 위기 같은 문제에 어떻게 대처할 수 있을까 싶기도 할 거야. 어쩔 수 없어. 작은 행동이라도 해 나가는 수밖에 .

내가 제안하고 싶은 것은 첫째 음식을 남기지 않는 거야. 음식물이 쓰레기가 되는 순간부터 엄청난 이산화탄소가 발생하거든. 유엔환경계획(UNEP) 보고서에 따르면 음식물 쓰레기는 가정, 외식 산업(식품 제조업), 소매업(식당 등) 순으로 많이 배출한대. 그러니 우리가 집에서 할 수 있는 역할이 결코 작지 않은 거지.

둘째 소비자로서 행동할 수 있는 방법도 있어. 건강한 먹거리를 구매하는 거야. 어린이는 직접 구매하는 먹거리가 한정적이니까 가족에게 제안하는 것도 좋겠지. 건강한 먹거리란 무엇일까? 그

것도 함께 머리를 맞대고 고민해 보는 게 좋겠다. 최대한 자연스러운 방법으로 기른 먹거리? 아니면 고기보다는 채소?

나는 얼마 전부터 음식물 쓰레기를 최대한 만들지 않으려고 노력하고 있어. 먹을 만큼만 사고, 이왕 산 음식 재료는 최대한 버리지 않고 소비하려고 해.

음식 재료를 살 때는 로컬 마트를 이용하는 것도 좋은 방법이야. 잘 찾아보면 농촌에서 여성들이 경제적으로 자립할 수 있도록 돕는 농산물 사이트도 있고, 직거래를 통해서 농민들에게 돌아가는 수익을 많이 보장해 주는 곳도 있어. 못생기고 흠집이 생겨서 상품성이 떨어지는 음식 재료를 저렴하게 판매하는 곳도 있고, 철마다 나오는 제철 채소를 꾸러미로 만들어서 정기적으로 보내 주는 곳도 있어. 이런 판매처에서 구매를 한다면, 정직하게 농사를 짓는 농민이 안정적으로 농사를 지속할 수 있을 거야. 영양도 품질도 훌륭한데 단지 못생겨서 버려지는 음식 재료를 우리가 구입하면 지구 환경에도 도움이 되겠지? 봐, 우리가 할 수 있는 일이 아예 없는 건 아니지?

또 음식물 쓰레기를 줄이면 자연적으로 발생하거나 처리하면서 배출되는 온실가스를 줄일 수 있어. 필요한 만큼 구매한다면 너무 많은 농작물을 재배하느라 황폐해진 토양이 회복할 시간을 줄일 수도 있을 거야.

정말로 호랑이 기운이 솟아날까?
대량 생산, 대량 소비로 지구가 얻은 것

> 내가 아침으로 제일 좋아하는 건 시리얼이야.
> 우유를 부어 후루룩 먹고 나면 얼마나 기분이 상쾌하다고.
> 그런데 요 며칠 내가 먹는 것이 환경과 어떤 관계를 맺는지
> 알아보고 나니까 예전과 달라 보이는 거 있지.

환경에는 어떤 영향을 줄까? 나는 그 과정에서 대량 생산이라는 말을 만났어.

많이 만들어서 많이 쓴다!

 호랑이 기운이 난다는 시리얼 알지? 대량 생산을 통해 만든 가공식품 중 하나야. 우리가 마트에서 사 먹는 간편식은 거의 다 그래. 대량 생산은 규격에 맞춰 동일한 제품을 많이 만들어 내는 시스템을 말해.

 대량 생산으로 인해 많은 사람들이 저렴하게 편리함과 즐거움을 누릴 수 있게 되었지. 플라스틱 제품은 물론이고, 식품, 가전제품, 생활용품까지 현대인이 대량 생산 제품 없이 지금의 생활을 유지할 수는 없을 거야. 그런데 문제는 값싼 물건을 쉽게 찍어 내 팔고, 쓰고, 버림으로써 '막 쓰고 먹고 버려도 좋다!'라는 메시지가 퍼진 거야.

 이런 풍조가 생태계에 미친 영향은 이루 말할 수 없어. 대량 생산은 자연히 대량 소비로 이어져. 대량 생산을 통해 값싸게 물건

을 구매할 수 있게 되었고, 그 결과 소비자는 쉽게 물건을 쓰고 버리지.

여름에 선풍기가 고장 났었어. 예전에는 동네에 전파상이라는 데가 있어서 거기에 고장 난 물건을 가지고 갔어. 그러면 사장님이 뚝딱 고쳐 주었지. 하지만 이제는 그런 곳이 없고, 기업이 운영하는 AS센터에 가지고 가야 해. 그나마 AS센터가 가까운 데 있으면 다행이지. 끙끙거리며 물건을 가져가도 오래된 모델은 "부품이 없어서 고칠 수 없다"라는 대답을 듣는 경우가 많아. 기업은 자꾸 물건을 찍어 내 팔아야 이익을 얻으니까 고장 난 물건을 고쳐 주는 데는 별 관심이 없는 거야.

결국 이런 과정에서 소비자인 우리의 마음에 변화가 생겨. '아, 고치기가 어렵다. 그냥 새로 사자.'

기업이 '다음'에 관심을 갖게 해야 해

기업은 이익을 내는 것이 목적이라고들 하지. 하지만 이익만 목적이 되어서는 안 돼. 기업은 제품을 팔고 난 다음의 일도 책임을 져야 해. 제품을 생산하면서 발생하는 폐기물은 물론이고, 소비자가 제품을 사용하면서, 혹은 사용하고 나서 배출하게 되는 폐기물이나 오염 물질 등에 관해서도 책임을 져야 하는 거야.

그래서 정부는 여러 가지 제도를 만들었어. 대표적으로 '생산자 책임 재활용 제도'라는 게 있어. 소비자가 어떤 제품을 사용하는 동안, 혹은 제품을 사용하기 전에 포장재 등 여러 폐기물이 나오겠지? 과자를 하나 샀다고 쳐. 종이 상자를 뜯으면 그 안에 플라스틱 용기가 있고, 플라스틱 용기 속에 비닐봉지로 하나하나 포장한 과자가 들어 있지. 이렇게 발생하는 폐기물을 일정 부분 기업이 책임지고 재활용하라는 거야. 지키지 않는 경우에는 재활용에 드는 비용을 부담하게 하고 말이야.

하지만 여기에도 문제는 있어. 모든 종류의 플라스틱을 대상으로 하지 않기 때문에 배달 용기 생산자와 사용자는 재활용에 드는 비용을 전혀 부담하지 않거든. 앞에서도 얘기했지만 한 제품에 여러 가지 플라스틱 소재를 쓰기 때문에 이를 재활용하는 데에도 어려움이 있어. 양질의 재활용품을 생산하지 못하기 때문에 재활용 업체가 이익을 많이 남기기도 어렵지. 그러니 여기에 국가가 개입해야 하는 거야. 법은 사회, 문화의 변화에 맞게 꼼꼼하게 검토하고 고쳐져야 해. 정부가 이런 일을 하도록 압박하는 게 우리의 역할이고.

작년은 롱 패딩, 올해는 숏 패딩?

한겨울에 패딩 점퍼는 필수지. 그런데 이것도 참 우스워. 발목까지 오는 패딩이 유행하더니, 다음 해에는 허리 위로 오는 패딩이 유행이더라고. 기업이 '작년에는 긴 패딩을 팔았으니 올해에는 긴 패딩이 안 팔리겠지? 그럼 짧은 패딩이 멋있어 보이도록 분위기를 만들자'라고 작정했나 봐.

이렇게 철마다 유행을 바꿔 가며 쏟아지는 의류 산업을 '패스트 패션'이라고 해. 이를 소비자에게 광고하기 위해 멋진 연예인이 입고 나서기도 하고, '잇 아이템! 숏 패딩'이라는 메시지를 널리 내보내기도 하지. 이런 와중에 '나는 저 새 옷을 입지 않아도 멋져!' 이렇게 생각하기가 어디 쉬울까? 하지만 서너 번 할 것을, 서너 가지 더 살 것을 줄이는 노력은 해 볼 수 있지 않겠어?

수질 오염의 20%, 바다에 유입된 미세 플라스틱의 20~35%가 패션 산업에서 발생한다는 보고가 있어. 청바지 한 벌을 만드는 데 물이 7,000리터 든다고도 해. 옷 한 벌을 사서 입는 데에 얼마나 많은 자원과 노동력이 드는지 알면, 그런 옷을 입는 나 자신에게 어느 정도 책임이 있다는 것도 느낄 수 있을 거야. 그렇게 노력하는 '방향성'이 중요하다고 앞에서도 이야기했지?

지구의 눈물을 먹는 우리

대량 생산, 대량 소비로 지구에는 또 무슨 일이 벌어질까? 우리가 자주 먹는 과자를 생각해 보자. 과자를 만들려면 원료가 필요하지. 인터넷에서 아무렇게나 찾은 어떤 과자의 성분표를 보면 가장 많이 들어간 재료 순서대로 곡류가공품, 혼합식용유(팜올레인유, 옥배유), 해바라기유, 시즈닝이 등장해. 이 외에도 더 있지만 여기까지만 살펴보더라도 전부 수입산이야. 외국에서 들여온 원재료를 국내에서 가공하여 파는 거지. 우리가 과자를 많이 먹는 만큼 원료도 많이 필요할 거야.

여기서 팜올레인유에 주목해 볼게. 팜올레인유는 앞에서도 이야기했던 팜유의 다른 이름이야. 팜유는 온갖 식품과 화장품 등 정말 쓰이는 곳이 많아서 엄청나게 생산되고 있어. 그런데 팜유가 많이 쓰일수록 환경은 점점 더 망가진다는 문제가 있어.

첫째 팜유를 생산하는 기름야자는 키가 계속 커지는 나무인데, 너무 많이 자라면 열매를 따기가 어렵잖아? 그래서 20~25년 간격으로 벌목하고 다시 심기를 반복한다고 해. 그러면 땅이 그만큼 척박해지지. 척박해진 땅에는 비료와 농약을 많이 사용할 테고. 이는 분명히 지구 온난화를 악화시키는 과정이야.

둘째 팜유를 생산하는 것이 돈을 버는 데 유리하기 때문에 열대 우림을 없애고 거기에 농장을 세우는 일이 벌어져. 보호 구역에 불법으로 불을 질러서 농장으로 만든다는 뉴스도 종종 들려오지. 열대 우림이 사라진다면 지구에서 인간의 활동으로 발생하는 이산화탄소를 처리하는 기능이 떨어지고, 열대 우림을 터전으로 살아가는 수많은 동식물이 멸종하고 말 거야. 생물 다양성이 사라질 수밖에 없지.

대량 생산으로 입고, 먹고, 누리는 것들이 누군가의 눈물이 아닐까라는 생각이 들어.

수천 년간 보존되어 오던 열대 우림이 파괴되는 건 우리가 그만큼 많은 물건을 소비하고 있기 때문이야.

지구의 눈물을 닦아 주려면

우리가 열대 우림에 가서 벌목하려는 기계를 멈출 수는 없을 거야. 그렇다고 할 수 있는 일이 아예 없는 건 아니야.

다행히 국제 사회는 팜유 같은 원료를 대량 생산하기 위해 환경이 파괴되는 모습을 두고 볼 수만은 없다는 데 합의했어. '지속 가능한 팜유 산업 협의체'라는 국제기구를 설립해서 여러 나라가 노력하기로 했지. 그래서 기름야자를 기르는 데 있어서 환경 문

제, 농장 개발에 대한 책임을 지우기로 했어. 이를 잘 지키는 기업에게는 인증을 부여하고, 환경 문제에 책임을 지지 않는 기업과는 거래하지 않으려고 노력한다고 해.

인도네시아는 세계 최대 팜유 수출국인데 아예 정부가 나서서 친환경 팜유(ISPO) 인증 제도를 도입했어. 온실가스 배출을 감소시키고 환경 문제에 나서기로 한 거지. 그래서 인도네시아 내 팜유 생산 기업은 인증을 의무로 받도록 하고 있대.

우리도 할 수 있는 일이 있어. 기업이 일으킨 환경 오염을 책임지라고 요구하는 거야. 어떻게? 환경을 위해 노력하는 기업의 제품을 구매하고, 그렇지 않은 기업 제품은 사지 않거나 기업이 운영하는 SNS 계정이나 게시판에 의견을 남길 수도 있지. 아주 작은 목소리 같아도 이런 목소리가 모이면 여론이 될 거야. 여론이 퍼지면 기업은 절대 이를 무시할 수 없어.

기업이 내는 목소리에 '아니오'라고 말하자

미디어 리터러시라는 말 많이들 하지? 미디어 리터러시란 다양한 매체에서 소비자에게 전달하는 메시지를 있는 그대로 받아들이는 대신 건강한 가치관에 따라 분석하고 평가하고 생산할 수 있는 능력을 말해. 말하자면 '의심하는 힘' 같은 거지. 이것이 탄탄하지 않으면 사람의 생각을 조종하고 악용하는 콘텐츠에 속수무책으로 당하게 될 거야. 환경 문제에 대해 이야기할 때도 우리는 미디어 리터러시를 활용할 수 있어.

마음이 후련해지는 영상이라며 아주 두꺼운 실타래 가운데를 칼로 자른다거나 별 의미 없이 페인트를 방 안에 뿌린다거나 하는 영상을 보면 어때? 나는 마음이 불편해. 잠깐의 기분 전환을 위해 저렇게 많은 쓰레기를 만들어도 되나? 당장 자기 영상이 인기를 끌면 그만인가? 그렇다면 이렇게도 말할 수 있겠지. 기업은 철마다 새로운 제품을 만들어 대량으로 광고하고 엄청나게 팔아 대지. 그렇게 잠깐의 이익을 위해 폐기물을 수없이 만들어 내도 되나? 당장 돈만 벌면 그만인가?

대량 생산하고 대량 소비하는 시대를 살며 다른 사람들을 따라 호랑이 기운을 쫓지 않으면 어때? 대신 고양이 발바닥 같은 보드라운 행복을 찾아보는 건? 추억이 담긴 옷을 오래 입고, 취향이 담긴 물건을 아껴 쓰는 사람이 나는 훨씬 멋져 보이더라.

자연을 거슬러 재배한 음식의 달콤한 맛, 씁쓸한 맛

왜 자연을 거슬러 작물을 생산하는 걸까? 이건 농민의 잘못인가? 아니야. 농민은 가능한 한 수익을 많이 낼 수 있는 작물 생산에 주력할 수밖에 없을 거야. 그러니 겨울에 쉽게 구하기 어려우면서도 생산은 안정적으로 할 수 있는 작물을 찾겠지. 그렇게 우리는 날씨에 맞춰 자연스럽게 자라는 대신 인간이 만든 설비 속에서 계절을 거슬러 재배한 과일을 먹게 된 거야.

논과 밭을 모두 포함해 농작물 재배가 가능하고 실제로 재배하는 토지를 경지라고 해. 우리나라의 경지 면적이나 농사짓는 사람의 수는 해가 길수록 줄고 있어. 게다가 앞으로 계속 줄어들 거라고 전망하고 있지. 경지 면적이 줄어드는 이유는 도로나 도시 확장도 있지만, 농사를 짓기 어려운 현실도 무시할 수 없어. 농민들은 농사로 돈을 벌기가 쉽지 않고, 자연재해로 1년 농사를 망치는 일도 많거든.

그런데 앞서 우리에게 식량 위기라는 문제가 닥칠 거라고 했잖아. 경지가 계속 줄어든다면 식량 위기에 무슨 수로 대처할 수 있을까?

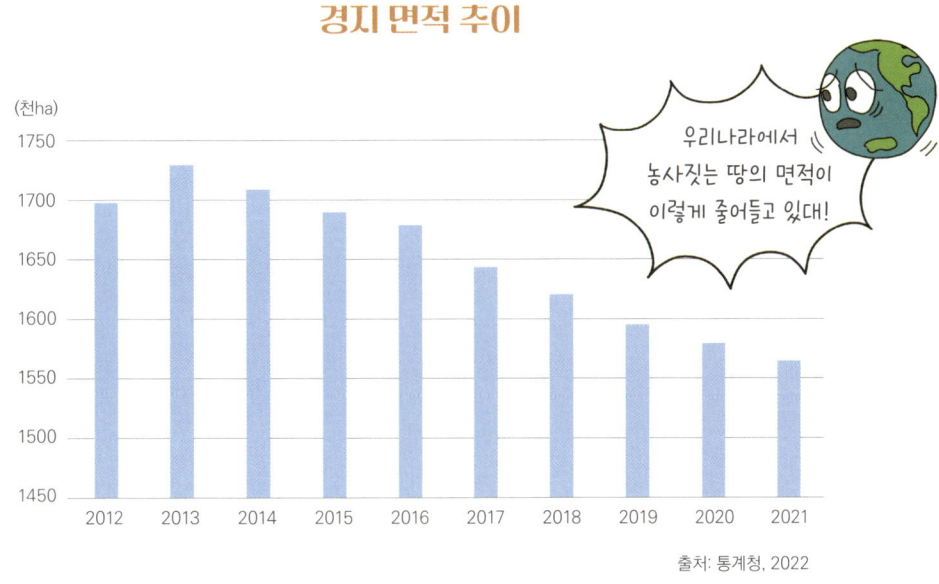

출처: 통계청, 2022

기후 변화는 우리 식탁을 어떻게 바꿀까?

　그린피스는 이런 발표를 한 적이 있어. 지구의 평균 온도 상승을 억제하지 못하면 2100년 무렵에는 꿀, 사과, 커피, 감자, 쌀, 고추, 조개, 콩 등 여덟 가지 농작물 생산이 어려워질 거라고.

　우리나라에서도 비슷한 발표가 있었지. 농촌진흥청이 연구한 건데, 기후 변화로 인한 각종 농산물 재배지가 어떻게 변할지 예측했어. 이에 따르면 사과나 배 같은 과일이 2070년대가 되면 강원도 일부 지역에서나 재배가 가능해질 거래. 그리고 둘 다 2090년대쯤이면 국내 어디에서도 재배할 만한 지역이 없을 거라고도 했어. 물론 그사이에 재배 시설을 개선하거나 새로운 품종을 개발한다면 또 어떻게 될지 모르지.

 이대로라면 사과는 강원도 고랭지에서만 재배할 수 있고, 우리나라에서도 망고 같은 열대 과일을 재배할 수 있을지 몰라. 그만큼 더 덥고 습해진다는 얘기지. 그러면 아마 김치는 극소수의 부

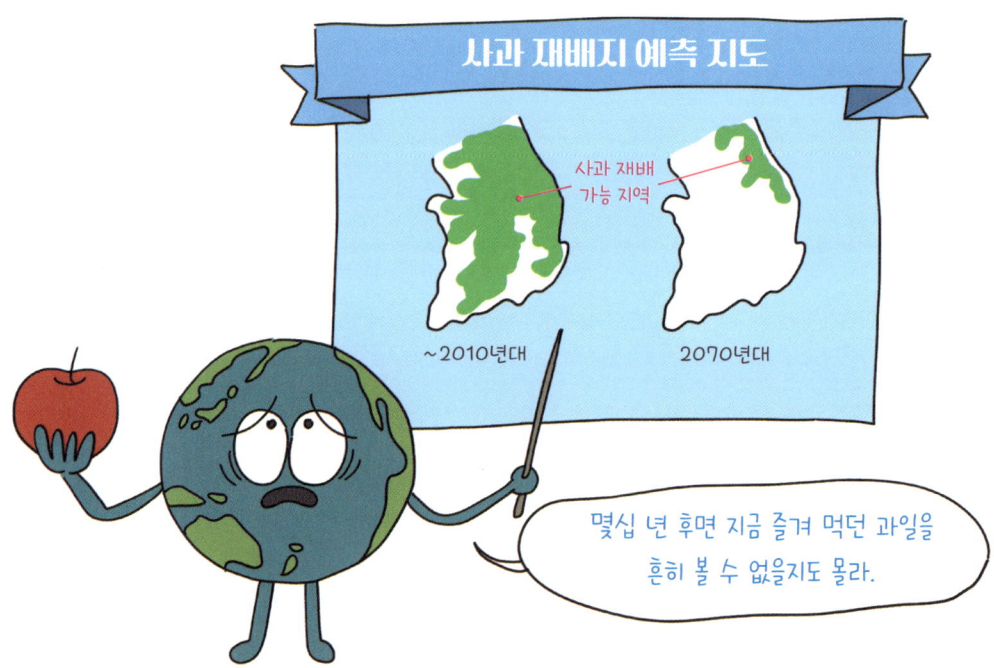

자들만 맛볼 수 있는 음식이 될걸? 서늘한 기온을 좋아하는 배추나 무를 재배하는 건 극단적으로 어려워질 테니까.

바다 수온이 상승하고 있으니 이 역시 밥상에 미치는 영향이 커. 겨울에 평년보다 기온이 높으면 미역이나 김 생산은 크게 줄어. 태풍이 잦아서 양식장에 있던 것들이 쓸려 가 버리기도 하지. 차가운 물을 좋아하는 방어나 대구, 삼치 같은 어류는 앞으로 맛보기가 더 힘들 거야.

기후 위기는 약한 사람들부터 덮친다

과학자들은 기후 변화에 의한 충격을 최대한 예측하고 대비하려고 노력해. 정부는 세금을 걷어 환경 관련 정책을 만들어 실행하지. 그러면 우리는 모두 안전할 수 있을까?

기후 위기가 심해지면 삶의 터전을 잃거나 식량을 구하기 어려운 사람들이 늘어날 거야. 이렇게 세상에 위험 요소가 많을 때 안타깝고 슬픈 일이지만, 가장 먼저 피해를 입는 쪽은 약한 사람들이야. 가난한 나라의 사람들, 어린아이, 장애인, 여자 등등. 그럼 이런 사람들은 어쩐다지?

결국 지금까지 이야기해 온 모든 문제는 불평등 문제를 더 심각하게 몰고 갈 가능성이 있어. 당장 극단적으로 변한 날씨에 대응할 수 있는 어떤 전자 제품이 출시되었다고 해 보자. 부자나 돈을 빌렸다가 갚을 능력이 있는 젊은 사람들은 바로 살 수 있겠지. 하지만 가난한 사람들은 그러지 못할 거야. 그럴 때 국가가 나서야 하지 않냐고? 내 말이 그 말이야. 하지만 코로나19 팬데믹에도 쪽방촌에 사는 사람들은 공용 화장실을 이용했고, 감염 위험 때문에 봉사자도 많이 줄어들어서 그나마 이어 오던 식사에도 어려움이 생겼어.

이런 사정을 죽 살펴보면 환경 문제에는 환경 정의라는 아주 중요한 문제가 도사리고 있음을 느낄 수 있어.

환경 문제와 정의가 만나면

환경 정의란 쉽게 말하자면 환경이라는 분야에도 '정의'가 실현되어야 한다는 관점을 말해. 환경이 변화함으로써 생기는 불평등, 양극화 같은 문제를 바로잡고자 하는 거지.

가볍게 주위를 둘러보기만 해도 세상에 얼마나 정의롭지 못한 일들이 많이 일어나고 있는지 알 수 있어. 우리가 지금까지 많이 이야기해 온 지구 온난화는 이제 막 기지개를 펴기 시작한 개발도상국 입장에서는 억울할 수 있는 문제야. 지금까지 선진국들이 마구 뿜어낸 온실가스의 영향을 함께 풀어야 하는 상황이 됐으니까. 그래서 일부 국제 협약에서는 뒤늦게 발전을 시작한 몇몇 나라에 환경 관련 규제를 느슨하게 적용하기도 해. 선진국은 탄소 배출을 많이 했으니 규제를 강하게 하고, 어떤 나라는 그렇지 않으니 규제를 덜 하는 식이지.

우리가 지금 이 순간에도 아낌없이 쓰고 있는 전기는 어떨까? 도시에서 전기를 쓰려면 발전소가 있어야 하고 발전소에서 전기가 이동하기 위해서는 송전선과 송전탑이 필요해. 그런데 발전소는 대부분 도시에서 멀리 떨어진 바닷가 근처에 있고, 높은 전압의 송전선이 지나가는 송전탑도 지방의 작은 마을 근처에 세워져 있어. 높은 전압이 흐르는 송전탑 주변으로는 전자파가 심하게 발생해서 인근에 사는 주민들은 피해가 막심하다고 해. 소음도 심해서 일상생활에 지장을 주고.

발전소 부근에 사는 사람들도 마찬가지야. 발전소에서 발생하는 공해 때문에 주민 건강에 문제가 생기기도 하지. 전기 사용에도 불평등이 있는 거야.

요즘에는 비염이나 아토피 피부염 같은 알레르기 질환을 가진

환자들이 많아. 특히 어린아이들에게서 두드러지는데, 대기 질이나 음식 재료가 나빠졌기 때문이라는 점을 의심할 수밖에 없지. 이것도 세상에 태어나 나쁜 일을 해 본 적 없는 어린 세대들이 어른들 때문에 받는 피해라는 점에서 정의롭지 않아.

우리는 어디를 향해 가는 걸까?

2022년에만 해도 기록적인 재난이 속출했어. 적도 부근에 위치한 나라는 엄청난 폭염에 시달렸고 우리나라만 해도 기존 장마와 다른 폭우가 쏟아져 피해가 컸어. 인도에서는 폭염이 이어지자 강이 마르고, 물을 제대로 공급할 수 없게 되었다고 해. 당연히 공중위생에 문제가 생겼겠지? 그래서 사라진 줄 알았던 콜레라 환자가 급증하기도 했어.

콜레라는 오염된 식수, 비위생적인 조리 과정 때문에 생기는 질병인데, 심하면 사망에 이르는 절대 만만치 않은 전염병이야. 위생 상태가 좋지 않았던 과거에는 많이 발생했지만 깨끗한 물로 몸을 씻을 수 있고 충분히 열을 가해 조리하는 등 공중위생 환경을 개선한 뒤로는 보기가 힘들어졌어. 그런데 이 병이 기온이 급격히 올라간 지역에서 다시 퍼지기 시작했다는 거야. 과학자들은 이와 같은 폭염이 과거보다 더 자주 일어날 것이라고 전망하고 있어. 인류는 이대로 과거로 돌아가는 걸까?

기후 변화에 대응하기 위해 국제 사회는 노력하고 있어. 가장 중요한 것은 1997년 교토에서 열린 유엔기후변화협약이야. 여기에서 채택한 교토 의정서는 선진국만 참여했다는 한계가 있기는 해. 다만 각국이 의무적으로 지켜야 할 사항을 명시했다는 데 큰 의미가 있어.

개발 도상국은 2015년 파리에서 개최한 파리기후변화협정에서 함께했어. 지구 평균 기온 상승을 1.5도 이하로 제한하자는 내용이 포함되어 온실가스 감축 의무를 모두 짊어지게 되었지. 경제적으로 도약하려는 개발 도상국보다 선진국이 더 많은 책임을 지도록 차등을 두긴 했고, 2023년부터 5년마다 이 협약에 참여한 나라들이 약속을 잘 지키는지 검토하기로 했어.

약속은 지켜질 수 있을까?

2015년 파리기후변화협약에서 지구 온도 상승을 산업화 이전에 비해 1.5도 이내로 제한하자고 한 약속은 큰 의미가 있어. 하지만 각국이 자국의 입장을 고집하는 바람에 분명한 규제 규정은 만들어 내지 못했지. 약속은 했지만 약속을 지키지 않는다고 해서 국제법상 문제가 생기지는 않는다는 소리야. 이런데도 약속이 지켜질 수 있을까?

탄소세를 도입하는 나라도 있어. 탄소세는 산업에서 탄소 배출량이 일정 부분을 넘어가면 세금을 더 내게 하는 제도야. 이 제도를 도입하면 이산화탄소 배출량을 줄일 거라고 기대하고 있어. 하지만 이를 시행하는 나라는 얼마 없고 탄소세를 반대하는 나라도 많은 상황이야.

에너지 전환도 진행 중이야. 이산화탄소를 배출하는 화력 발전소 등을 줄이고 대신 태양 에너지, 수력 에너지 등 재생 가능한 에너지원으로 전기를 생산하겠다는 거지. 재생 에너지는 에너지원이 고갈되지 않는다는 이점이 있지만 획기적으로 에너지 문제를 해결하지는 못해. 자연을 이용해 에너지를 생산하기 때문에 늘 변화하는 환경에 대처하기가 어렵거든. 안정적으로 전력을 공급하는 게 쉽지 않은 거야.

최근에 발표된 유엔기후변화협약의 보고에 따르면 전 세계 국가들이 약속대로 온실가스 배출량을 줄인다고 해도 이번 세기 말의 지구 평균 온도는 산업화 이전보다 2.5도 높아질 것으로 보고 있어. 처음에 약속하고 기대했던 바와는 거리가 멀지? 즉 우리가 더 많이 노력해야 한다는 뜻이야. 전쟁이나 코로나 바이러스 같은 일들이 상황을 더 나쁘게 만든 면도 있어. 그래서 유엔에서는 이렇게 말했어. "누군가는 불가능하다 말할지 몰라도 우리는 시도해야 한다. 목표를 이루지 못하더라도 근사치에는 도달할 수 있도록."

오늘 저녁은 내가 요리해 볼래
지구에 무해하게 살아가는 법이 있을까?

식탁에서 일어나는 일을 알아본 며칠 동안 나는 점점 우울해졌어. 과연 우리에게 미래는 있을까? 내가 이런 고민을 말하자 엄마는 "기후 우울증이구나"라고 했어. 기후 우울증은 기후 위기가 심각한데도 전혀 바뀔 기미가 없는 사회를 바라보며 무력감과 우울감을 느끼는 거라고 해.

그렇다고 가만히 있을 순 없지! 마음을 다잡고 환경을 지키는 밥상을 차려 보겠다고 선언했어. 재료는 최대한 가까운 곳에서 재배한 것으로, 조리는 간단하게, 육식은 자제하면서, 남기지 않을 만큼 만드는 것! 그런데 장보기부터 요리까지 몇 가지 문제가 있었어.

내가 마트에서 장 본 날

　빵 가게에 갔을 때도 느꼈지만 모든 게 비싸더라. 엄마에게 장보기 비용으로 2만 원을 받았는데, 감자 한 봉지에 5,000원, 양파 한 망에 5,000원, 당근 한 개에 1,000원, 계란 한 판에 9,000원, 2만 원을 금세 채워 버렸어. 돈이 남으면 후식으로 먹을 과일을 사고 싶었는데…. 신선한 채소는 비싸지만 해외에서 수입한 쿠키나 소시지 같은 건 오히려 싼 편이었어.

　소득이 적은 가구에서는 과일 맛을 보기도 쉽지 않겠더라. 소시지 같은 가공식품을 선택할 수밖에 없다면 건강 문제도 생길 텐데. 앞에서 배운 환경 정의라는 말이 실감 났어. 전쟁이나 기후 변화 같은 문제로 식량 가격이 올랐을 때 누가 제일 먼저 피해를 입을지 하는 문제 말이야.

　그리고 포장이 너무 많아! 감자나 당근처럼 딱딱한 채소는 그대로 진열하면 어땠을까 하는 생각이 들었어. 장바구니를 가져다가 필요한 만큼 담아 오면 좋을 텐데. 결국 마트에 다녀오니 분리 배출 할 쓰레기가 어쩔 수 없이 나오더라고. 플라스틱 용기에 담고, 그걸 비닐에 또 담는 식으로 포장되어 있으니까. 앞에서 배운 대로 마트 홈페이지에 건의해야겠어.

또 시간도 많이 걸려. 뭘 먹을지 정하고 장을 보고 요리하고 치우고 하는 데 걸리는 시간이 너무 길어. '대체 집에서 요리해 줄 사람이 없으면 어쩌라는 거야!' 그래서 결국 이런 생각을 했어. 학교 급식에서라도 신선한 채소와 과일, 질 좋은 음식을 먹을 수 있으면 좋겠다고. 그럼 최소한 자라나는 어린이들이 하루 한 끼라도 제대로 먹을 테니까. 이 이야기를 엄마한테 했더니, 그게 바로 우리가 다 같이 짊어져야 하는 숙제래.

환경을 지킨다는 게 고통일까?

환경을 지키려고 노력하다 보면 결국 나 혼자만의 힘으로는 큰 변화를 이끌어 내지 못할 거라는 결론에 이를 수도 있어. 그러면 무기력감을 느끼지. 이렇게 말이야. '내가 덜 쓰고 덜 버린들 뭐가 그리 달라질까. 세상은 아무것도 변하지 않는데.' 고백하자면 나도 종종 그래. 하지만 달리 생각해 볼 수도 있어.

누가 나서서 환경 문제를 해결할지 싸우면 뭐 해? 상황이 어려운 만큼 자기가 선 자리에서 할 수 있는 일을 하면 되지.

그렇다면 환경을 지키는 일은 꼭 불편해야만 하는 걸까? 편리함을 버려야 한다는 점에서 맞는 말이야. 자연을 최대한 건드리지 않기 위해서는 지금 누리는 편리함을 포기해야 하는 면이 분명히 있어.

그럼 이런 질문을 해 보자. 환경을 되살리는 일은 우리 행복의 반대쪽에 있을까? 여기에는 선뜻 그렇다고 대답하기 어렵네. 우리는 있는 그대로 자연을 접하면서 행복을 느낄 때가 많아. 게다가 환경이 되살아난다는 것은 인간의 생존 가능성을 높여 준다는 뜻이기도 하지. 편리함을 포기한다는 것이 곧 불행은 아니라는 거야.

세상의 구석구석 모두가 노력해야 해

기후 위기에 적응하고 더 이상의 악화를 막으려면 과학의 힘도 반드시 필요해. 기후 변화가 어떻게 다가올지 예측해야 이를 예방하거나 피해를 최소화할 방법을 찾을 수 있으니까. 또한 기후 변화에 잇따르는 식량 문제, 인간이 견디기 어려운 환경 문제, 질병 등 갖가지 고통을 해결하는 데도 과학이 필요하지.

그런데 이런 과학이 너무나 고도로 발달한 나머지 우리는 과학을 쉽게 접근할 수 없는 '특별한 일'로 생각하게 된 것 같아. 그럴 만도 해. 보통 사람들은 이해하기 어려울 정도로 복잡하니까.

이렇게 보통 사람들이 과학에서 멀어지도록 놔둬서는 안 돼. 과학이 일부 부자들의 편만 들고 있는 건 아닌지, 어떤 사람들의 이익을 위해 진실을 왜곡하는 건 아닌지, 과학 발전으로 인한 이익을 공평하게 나누고 있는지 등을 우리가 파악하지 못하면 세상이 어떻게 되겠어?

게다가 과학은 결코 돈이 많거나 힘센 사람들만의 것이 아니야. 애초에 과학 발전을 이룰 수 있게 된 것도, 성실한 시민들이 세금을 내서 과학자들을 키워 내고 대규모 실험을 할 수 있도록 뒷받침했기 때문이라고. 또한 과학 기술에 가장 큰 영향을 받는 사람들은 우리, 시민이야. 그러니 과학을 자세히 알지는 못하더라도 과학자가 하는 일, 결과물에 늘 관심을 가지고 참여해야 해. 어떻게 참여하냐고?

예를 들어 볼게. 국내 한 대학의 연구팀은 멸종 위기종인 수원청개구리에 깊은 관심을 갖고 있었어. 연구를 하려면 자연에서 목격되는 개체에 관한 정보를 많이 모아야 하는데, 연구진이 수집하는 데는 한계가 있잖아? 그런데 여기에 시민들이 참여해서 개구리 울음소리를 녹음하고, 위치 정보, 수집자 이름, 날짜, 주변 환경 사진 등 필요한 정보를 연구진에게 전송했어. 연구팀은 이를 토대로 개구리 종 분포를 파악할 수 있었지. 생태 탐사나 천문 관측 같은 활동에 시민이 참여한 사례는 꽤 많아.

녹색연합이나 환경연합 같은 시민 단체는 시민 과학 프로젝트를 실행하곤 해. 미세먼지 측정 프로젝트 같은 것을 통해 데이터를 수집하고 분석한 다음 정부나 기업에 개선을 요구하지. 일본에서는 후쿠시마 원전 사고가 일어난 후 가족을 지키기 위해 시민들이 '차일드 세이브'라는 온라인 커뮤니티를 만들었어. 여기에서 스스로 방사능 수치를 측정하고 결과를 공유하기도 했고, 위험성에 대해 깊이 공부했어. 정부가 안이하게 대처하는 문제에 대응하고 압박하는 중요한 역할을 했지.

간단한 답은 가짜야!

　플라스틱 빨대를 쓰지 말자, 분리배출을 잘하자…. 환경을 지키자면서 이렇게들 말하지. 이런 행동이 불필요한 것은 아니야. 플라스틱 빨대를 쓰지 않는 것은 플라스틱 사용 일체를 점검해 보는 태도가 될 수 있겠지. 분리배출은 재활용의 가장 기본적인 조건이고. 하지만 이것만으로 해결될 일이었다면 애초에 위기가 오지도 않았을 거야.

　간단해 보이는 답은 가짜야. 분리배출을 잘했다고 해서 플라스틱 쓰레기 문제가 사라지는 게 아니듯이 말이야. 기업이 재활용이 쉬운 플라스틱 제품을 최소한으로 만들고, 소비자는 그것을 최대한 오랫동안 쓴 다음 분리배출 해야 해. 이걸 가능한 한 재활용하고, 재활용하기 어려운 것은 안전하게 폐기해야 하고. 정부는 이 모든 활동을 감독하고 감시하고 독려해야 해. 모두가 각자 제 역할을 충실히 해내야 환경 문제를 해결할 수 있어.

　정리해 보자. 우리는 지구에 부담이 되는 소비를 최소한으로 줄이고, 기업과 국가에는 환경 개선에 대한 노력을 요구해야 해. 기업에는 포장을 줄이고, 포장재를 단일화해서 재활용률을 높이고, 제품 제조 과정에서 환경에 부담을 주지 말라고. 직접 요구할 수도 있지만, 이를 외면하는 기업의 제품은 적극적으로 불매하는 것도 좋은 방법이지.

　국가에는 기후 위기로 인해 제일 먼저 피해를 입는 취약 계층을 보호하라고 요구하자. 선거철에 농업을 지원하겠다고 하는 후보, 기후 위기를 살피겠다고 하는 후보를 지지하는 것도 방법 중 하나겠지. 청소년은 아직 선거권이 없지만 목소리마저 없는 건 아니니까. 그레타 툰베리도 열다섯 살에 환경 운동을 시작했대. 우

리가 소비자로서 행동하는 것도 정치인에게는 압력이 될 거야. 재난 상황이 왔을 때 피할 수 있는 안전한 곳이 우리가 사는 데 가까이에 있는지 확인하고, 없다면 이것도 요구해야 할 거야.

이제 우리가 할 수 있는 일을 하자. 무서운 눈이 되자. 실제로 행동하는 기업에 돈을 쓰고 정치인을 압박하자. 계란으로 되는 데까지 바위를 치자.

이렇게 정리하고 나니, 좀 정리가 되는 것 같아. 환경을 위해서 즐거움과 편리를 모두 포기할 필요는 없어. 대신 너무 먼 데서 휘황한 행복을 찾지 말고 일상의 소소한 면을 즐기며 사는 것도 좋을지 몰라.

그레타 툰베리

어린 나이에 시작한 환경 운동으로 널리 알려진 상징적인 인물이다. 2018년부터 금요일마다 '기후를 위한 등교 거부'를 하고 시위를 시작했다. 그레타 툰베리는 이러한 위기에서 어떻게 아무런 대책도 내놓지 않느냐고 세상을 향해 외친 최초의 청소년 환경 운동가다. 우리나라에서는 2020년 3월 청소년 열아홉 명이 원고 자격으로 "기후 위기 방관은 위헌"이라며 헌법 재판소에 헌법 소원 심판 청구서를 제출했다.